# Le livre de la tranquillité

# Le livre de la tranquillité

Présenté par Olivia Benhamou

*À la mémoire de mes grands pères,*
*pour leur infinie sagesse.*

# Introduction

*Être harcelé par son banquier, ne pas trouver d'emploi, s'inquiéter pour l'avenir, être stressé dans les transports en commun, se mettre en colère pour un rien, souffrir de la solitude, voir mourir ceux qu'on aime, se disputer avec son entourage, avoir un chagrin d'amour... chacun se reconnaîtra dans ces épreuves quotidiennes que nous apporte ce début de siècle tourmenté et incertain. Seuls, nous sommes souvent incapables de surmonter certains obstacles à notre tranquillité : il nous manque alors l'épaule sur laquelle nous appuyer, la maman affectueuse et compréhensive nous berçant de ses douces chansons ou, simplement, le confident qui saurait nous écouter et nous aider à prendre du recul. On aimerait avoir une solution à chaque problème, un mode d'emploi à suivre pour chaque situation.*

*À défaut de cela, il reste, au milieu de ce foisonnement d'incertitudes et d'interrogations diverses, des recettes de grand-mère, transmises patiemment de génération en génération, qui conservent à nos yeux, et malgré l'avancée de la science et des progrès technologiques, leur pouvoir rassurant et une influence sur nos comportements. Qui de nous n'a en effet gardé, dans un coin de sa mémoire et de ses placards, la recette d'une décoction pour soigner les coups de soleil, d'un bouquet de plantes pour guérir les migraines, ou le petit pendentif porte-bonheur hérité d'une grand-tante ? Ces traditions nous rappellent qu'autrefois les hommes et les femmes souffraient des mêmes maux que nous aujourd'hui, et qu'ils avaient leurs propres remèdes pour s'en débarrasser. Pourquoi ces remèdes ne seraient-ils plus efficaces ?*

*C'est dans cet esprit qu'il faut lire ou relire les textes écrits il y a plusieurs siècles, par les pères de la philosophie, nos ancêtres, qui ont, bien avant nous, expérimenté la vie en société, l'amour, la souffrance, l'ennui, les remords et les regrets, mais aussi les plaisirs, les succès et, enfin, le bonheur. À l'origine de cet enseignement qui nous vient de loin, les grand-mères ont ici pour noms : Aristote, Confucius, Marc Aurèle, Épictète, Xénophon, Ovide… et, plus proches de nous, Montaigne, Voltaire, La Bruyère, Montesquieu, Stendhal, Schopenhauer, Nietzsche, etc.*

*Pleins de sagesse et de bon sens, ces philosophes livrent dans leurs textes des réflexions personnelles, mais aussi quelques avertissements sur la conduite à tenir ou sur ce qui peut arriver, et enfin des conseils. Très pragmatiques et d'une troublante actualité, les sujets traités font écho à notre propre vie, car nous avons en commun avec leurs auteurs notre condition humaine. On ne trouvera nullement ici d'obscures élucubrations sur le sens de la vie, ni de sombres conjectures sur le triste sort humain. Au contraire, les extraits choisis regorgent de vie, d'humour et de sens pratique, et permettront à tous de reconnaître enfin à la discipline philosophique sa vocation profondément philanthropique.*

*Bien sûr, les penseurs sont avant tout des hommes, et ils ont comme nous défauts et phobies. Il ne faudra donc pas s'étonner mais plutôt rire des propos misogynes ou pleins de mauvaise foi tenus par certains philosophes. Et puis, ne sommes-nous pas bien placés, nous-mêmes, pour savoir que personne n'est parfait ? Des textes savoureux, dans un langage choisi et d'une incontestable qualité littéraire : voilà de quoi nous ressourcer, et peut-être éclairer notre lanterne. Libre à vous d'appliquer ces antiques conseils ou, simplement, de les lire pour vous rafraîchir, car constater que nous n'avons pas le monopole de la souffrance est une véritable source de consolation. Aux adversaires des « recettes de la tranquillité », je dirai seulement qu'ils n'ont qu'à en prendre ce qu'ils veulent et laisser le reste à l'histoire. Et malgré leurs contestations, j'ai la certitude qu'ils éprouveront un immense plaisir à se délecter de cette croustillante littérature.*

*Bonne lecture, et n'hésitez pas à vous servir de ce livre comme d'un manuel, au sens étymologique du terme, c'est-à-dire d'un petit livre à avoir toujours sous la main, en cas de besoin.*

# PREMIÈRE PARTIE

## Être tranquille avec soi-même

# 1

# Du bon usage qu'il faut faire du temps pour être tranquille

*« Le temps est le plus sage de tous les conseillers », disait Périclès. Il faudrait sans doute ajouter, à condition de savoir le mettre à profit. Le temps qui passe aide à panser les blessures, à refermer les plaies, mais également à mûrir une décision, à s'habituer aux choses et aux individus, enfin à accomplir notre tâche d'homme. Or, nous sommes impuissants face à son inéluctable écoulement, qui nous semble tour à tour, et selon les circonstances, fugitif ou interminable. Il existe pourtant mille et une façons de jongler avec les contraintes temporelles, avec un peu de volonté et de sens pratique. Une des règles de base consiste à savoir profiter du moment présent (Nietzsche), puis d'être prêt aux surprises que réserve l'avenir (Baltasar Gracián), sans perdre une seconde (Christine de Suède). Un subtil mélange de prudence et de sagesse. Prenez donc le temps de méditer ces conseils, pour les appliquer… au bon moment.*

## Savoir gérer son emploi du temps

« Ceux qui emploient mal leur temps sont les premiers à se plaindre de sa brièveté : comme ils le consument à s'habiller, à manger, à dormir, à de sots discours, à se résoudre sur ce qu'ils doivent faire, et souvent à ne rien faire, ils en manquent pour leurs affaires et pour leurs plaisirs ; ceux au contraire qui en font un meilleur usage en ont de reste. »

Jean de LA BRUYÈRE, *Les Caractères*

« Il faut être plus avare de son temps que de son argent ; cependant on prodigue cet inestimable trésor si pitoyablement. »

Christine de SUÈDE, *Maximes*

« Le regret qu'ont les hommes du mauvais emploi du temps qu'ils ont déjà vécu, ne les conduit pas toujours à faire de celui qui leur reste un meilleur usage. »

LA BRUYÈRE, *Les Caractères*

« Tant qu'on vit une expérience, il faut s'abandonner à l'événement et fermer les yeux, ne pas rester contemplatif durant cette expérience. Car cela gâterait la bonne digestion de l'événement : au lieu d'y gagner en sagesse, on en sortirait avec une indigestion. »

Friedrich NIETZSCHE, *Humain, trop humain*

« Savoir partager son temps, c'est savoir jouir de la vie. Plusieurs ont encore beaucoup à vivre, qui n'ont plus de quoi vivre contents. Ils perdent les plaisirs, car ils n'en jouissent pas ; et quand ils ont été bien avant, ils voudraient pouvoir retourner en arrière. Ce sont des postillons de la vie, qui ajoutent à la course précipitée du temps l'impétuosité de leur esprit. Ils voudraient dévorer en un jour ce qu'ils pourraient à peine digérer en toute leur vie. Ils vivent dans les plaisirs comme gens qui les veulent tous goûter par avance. Ils mangent les années à venir, et comme ils font tout à la hâte, ils ont bientôt tout fait. Le désir même de savoir doit être modéré, pour ne pas savoir imparfaitement les choses. Il y a plus de jours que de prospérités. Hâte-toi de faire, et jouis à loisir. Les affaires valent mieux faites qu'à faire, et le contentement qui dure est meilleur que celui qui finit. »

Baltasar GRACIÁN, *L'Homme de cour*

« Soit l'action, soit le discours, tout doit être mesuré au temps. Il faut vouloir quand on le peut, car ni la saison, ni le temps, n'attendent personne. [...] Ne prescris point de lois formelles à ta volonté, car tu seras dès demain forcé de boire de la même eau que tu méprises aujourd'hui. [...] Le sage sait que le nord de la prudence consiste à se conformer au temps. »

GRACIÁN, *L'Homme de cour*

« La plus coûteuse des dépenses, c'est la perte de temps. »

THÉOPHRASTE, cité par Diogène LAËRCE

« Tu ne peux pas retenir ce jour, mais tu peux ne pas le perdre. »

*Inscription latine gravée sur un cadran solaire*

« Pensons que, comme nous soupirons présentement sur la florissante jeunesse qui n'est plus et ne reviendra point, la caducité suivra, qui nous fera regretter l'âge viril où nous sommes encore, et que nous n'estimons pas assez. »

LA BRUYÈRE, *Les Caractères*

« Que chacun examine ses pensées, il les trouvera toutes occupées au passé et à l'avenir. Nous ne pensons presque point au présent ; et, si nous y pensons, ce n'est que pour en prendre la lumière pour disposer de l'avenir. [...] Ainsi nous ne vivons jamais, mais nous espérons de vivre ; et, nous disposant toujours à être heureux, il est inévitable que nous ne le soyons jamais. »

Blaise PASCAL, *Pensées*

« Épicure à Ménécée, salut.

Que personne, parce qu'il est jeune, ne tarde à philosopher, ni, parce qu'il est vieux, ne se lasse de philosopher ; car personne n'entreprend ni trop tôt ni trop tard de garantir la santé de l'âme. Et celui qui dit que le temps de philosopher n'est pas encore venu, ou que ce temps est passé, est pareil à celui qui dit, en parlant du bonheur, que le temps n'est pas venu ou qu'il n'est plus là. En sorte qu'il faut philosopher lorsqu'on est jeune et lorsqu'on est vieux, dans un cas pour qu'en vieillissant l'on reste jeune avec les biens, par la reconnaissance que l'on ressent pour ce qui est passé; dans l'autre cas, pour que l'on soit à la fois jeune et vieux en étant débarrassé de la crainte de ce qui est à venir. Il faut donc avoir le souci de ce qui produit le bonheur, puisque s'il est présent nous avons tout, tandis que s'il est absent nous faisons tout pour l'avoir. Et ce à quoi, continûment, je t'exhortais, cela pratique-le, à cela exerce-toi, en saisissant distinctement que ce sont là les éléments du bien-vivre. »

ÉPICURE, *Lettre à Ménécée*

**L'art du réveil**

« — Au petit jour, lorsque tu peines à te réveiller, aie cette pensée à ton esprit : c'est pour faire œuvre d'homme que je m'éveille. Serai-je donc encore de méchante humeur, si je vais faire ce pour quoi je suis né et ce en vue de quoi j'ai été mis dans le monde ? Ou bien ne suis-je né que pour rester couché et me tenir au chaud sous mes couvertures ?

— Mais c'est plus agréable !

— Es-tu donc né pour n'avoir que d'égoïstes plaisirs ? Et, somme toute, es-tu fait pour la passivité ou pour l'activité ? Ne vois-tu pas que les arbres, les moineaux, les fourmis, les araignées, les abeilles remplissent leur tâche respective et contribuent chacun à la marche du monde ? Et toi, malgré cela, tu ne veux pas faire ce qui convient à l'homme ? Tu ne participes pas à la tâche qui est naturelle ?

— Mais il faut aussi se reposer.

— Il le faut, j'en conviens. La nature, cependant, a fixé les limites de ce besoin, comme elle en a mis au manger et au boire. »

MARC AURÈLE, *Pensées*

« Lorsqu'il t'est difficile de t'arracher à ton sommeil, souviens-toi qu'il est conforme à ta constitution et à la nature humaine d'accomplir des actions utiles à la communauté, et que dormir t'est commun avec les êtres dénués de raison. Or, ce qui est conforme à la nature de chaque être lui est plus profondément ancré, plus naturel et, par conséquent, plus agréable aussi. »

MARC AURÈLE, *Pensées*

## La nuit n'est pas toujours bonne conseillère

« Si l'obscurité nous rend peureux et nous fait voir partout des figures effrayantes, l'imprécision des idées, qui lui est analogue, produit le même résultat ; en effet, l'incertitude engendre le manque de sécurité ; par là les objets de notre méditation, quand ils concernent nos intérêts propres, prennent facilement, le soir, une apparence menaçante et deviennent des épouvantails ; à ce moment, la fatigue a revêtu l'esprit et le jugement d'une obscurité subjective, l'intellect est affaissé et ne peut rien examiner à fond. Ceci arrive le plus souvent la nuit, au lit. L'esprit étant entièrement détendu, le jugement n'a plus sa pleine puissance d'action, mais l'imagination est encore active. La nuit prête alors à tout être et à toute chose sa teinte noire. Aussi nos pensées, au moment de nous endormir ou au moment où nous nous réveillons pendant la nuit, nous font-elles voir les objets aussi défigurés et dénaturés qu'en rêve ; nous les verrons d'autant plus noirs et plus terrifiants qu'ils touchent de plus près à des affaires personnelles. [...] Aussi ce moment n'est-il pas favorable aux méditations sur des sujets sérieux et principalement sur des sujets désagréables. C'est le matin qui est l'heure favorable pour cela, comme, en général, pour tout travail sans exception, travail d'esprit ou travail physique. Car le matin, c'est la jeunesse du jour. Tout y est gai, frais et facile ; nous nous sentons vigoureux et nous disposons de toutes nos facultés. Il ne faut pas l'abréger en se levant tard, ni le gaspiller en occupations ou en conversations vulgaires ; au contraire, il faut le considérer comme la quintessence de la vie et, pour ainsi dire, comme quelque chose de sacré. [...] Chaque journée est une petite vie, chaque réveil et chaque lever une petite naissance, chaque frais matin une petite jeunesse. »

Arthur SCHOPENHAUER,
*Aphorismes sur la sagesse dans la vie*

**Préparer au mieux les lendemains**

« Qui ne se préoccupe pas de l'avenir lointain, se condamne aux soucis immédiats. »

CONFUCIUS, *Entretiens*

« La sage conduite roule sur deux pivots, le passé et l'avenir. Celui qui a la mémoire fidèle et une grande prévoyance est hors du péril de censurer dans les autres ce qu'il a peut-être fait lui-même, ou de condamner une action dans un pareil cas, et dans toutes les circonstances où elle lui sera un jour inévitable. »

LA BRUYÈRE, *Les Caractères*

« La plus grande prévoyance est d'avoir des heures pour elle. Il n'y a point de cas fortuits pour ceux qui prévoient, ni de pas dangereux pour ceux qui s'y attendent. Il ne faut pas attendre qu'on se noie pour penser au danger, il faut aller au-devant, et prévenir par une mûre considération tout ce qui peut arriver de pis. [...] Dormir sur une chose à faire vaut mieux qu'être éveillé par une chose faite. Quelques-uns font puis pensent, ce qui est plutôt chercher des excuses que des expédients. D'autres ne pensent ni avant ni après. Toute la vie doit être à penser, pour ne se point égarer. La réflexion et la prévoyance donnent la commodité d'anticiper sur la vie. »

GRACIÁN, *L'Homme de cour*

« Il vaut mieux employer notre esprit à supporter les infortunes qui nous arrivent qu'à prévoir celles qui nous peuvent arriver. »

François de LA ROCHEFOUCAULD, *Maximes*

# 2

# Être et rester en bonne santé

*Même si l'on n'y pense que lorsqu'on est malade, il n'est nul besoin d'être médecin pour connaître l'importance d'une bonne santé. Elle est source de joie et de bien-être, et, en tant que telle, nous protège de bien des malheurs. Mais, souvent, nous succombons à la négligence en ce qui la concerne. Effrayés par le bruit strident de la fraise sur la carie, nous prétextons mille occupations pour ne pas aller faire une visite de contrôle chez le dentiste. À l'autre extrême, certains hypocondriaques, à force d'examens minutieux de leur propre personne, se diagnostiquent un cancer en un rien de temps, et accablent leur médecin de reproches accusateurs avant même de l'avoir laissé les ausculter. Dans le domaine de la santé plus encore que dans tout autre, la mesure est de rigueur. C'est à cela que nous invitent Schopenhauer, fort préoccupé par le rapport de cause à effet qu'il y a entre la santé et le bonheur, mais aussi Madame du Châtelet, qui explique comment concilier ses passions avec sa santé, ou Nietzsche, qui, cyniquement, conseille au malade de ne pas le rester trop longtemps, sous peine de voir ses amis s'éloigner de lui…*

*Mais, avant tout, gardons à l'esprit cette maxime de La Rochefoucauld, qui prévient des malheurs que risque l'individu trop préoccupé par sa santé : « C'est une ennuyeuse maladie que de conserver sa santé par un trop grand régime. »*

## Être en bonne santé, c'est la condition élémentaire de la tranquillité

« Pour bien nous rendre compte combien notre bonheur dépend d'une disposition gaie et celle-ci de l'état de santé, nous n'avons qu'à comparer l'impression que produisent sur nous les mêmes circonstances extérieures ou les mêmes événements pendant les jours de santé et de vigueur, avec celle qui est produite lorsqu'un état de maladie nous dispose à être maussade et inquiet. [...] En thèse générale, les neuf dixièmes de notre bonheur reposent sur la santé. Avec elle, tout devient source de plaisir. [...] Aussi n'est-ce pas sans raison que nous nous informons mutuellement de l'état de notre santé et que nous nous souhaitons réciproquement de nous bien porter, car c'est bien là en réalité ce qu'il y a de plus essentiellement important pour le bonheur humain. »

SCHOPENHAUER,
*Aphorismes sur la sagesse dans la vie*

## Avertissement aux personnes alitées

« On doit se garder d'être malade trop longtemps. En effet, bientôt les témoins s'irriteront de cette obligation rituelle d'affecter leur compassion, car ils auraient trop de peine à se maintenir longtemps dans cet état d'esprit. Et presque aussitôt, ils en viendront à suspecter votre caractère et à conclure sans ménagement : "Vous méritez d'être malade, et nous n'avons plus besoin de nous évertuer à la compassion." »

NIETZSCHE, *Humain, trop humain*

## À l'origine des maladies psychosomatiques

« [Les peines de l'esprit] parurent avec toute leur force et toute leur malignité dans l'âge de fer, et répandirent dans le monde, par la suite de leur corruption, les diverses maladies qui ont affligé les hommes depuis tant de siècles. L'ambition a produit les fièvres aiguës et frénétiques ; l'envie a produit la jaunisse et l'insomnie ; c'est de la paresse que viennent les léthargies, les paralysies et les langueurs ; la colère a fait les étouffements, les ébullitions de sang et les inflammations de poitrine ; la peur a fait les battements de cœur et les syncopes ; la vanité a fait les folies ; l'avarice, la teigne et la gale ; la tristesse a fait le scorbut ; la cruauté, la pierre ; la calomnie et les faux rapports ont répandu la rougeole, la petite vérole et le pourpre, et on doit à la jalousie la gangrène, la peste et la rage. Les disgrâces imprévues ont fait l'apoplexie ; les procès ont fait la migraine et le transport au cerveau ; les dettes ont fait les fièvres étiques ; l'ennui du mariage a causé la fièvre quarte, et la lassitude des amants qui n'osent se quitter a causé les vapeurs. »

LA ROCHEFOUCAULD, *Maximes*

**Les conséquences de la maladie**

« De même que, dans la détresse de l'âme, on s'arrache les cheveux, se frappe le front, se griffe les joues, ou, comme Œdipe, on se crève les yeux : de même, contre de violentes douleurs physiques, on appelle à son secours un sentiment de vive amertume, en se souvenant de ses calomniateurs et de ses détracteurs ; en envisageant son avenir de la manière la plus sombre ; en lançant mentalement des méchancetés et des coups de poignard contre les absents. Et il est parfois vrai qu'un diable chasse l'autre – mais comment se débarrasser de cet autre mal ? Voilà pourquoi il est conseillé aux malades cet autre divertissement qui semble apaiser les douleurs : réfléchir aux bienfaits et aux gentillesses que l'on peut faire à ses amis et ennemis. »

NIETZSCHE,
*Humain, trop humain*

**Quelques conseils particuliers et avisés pour être en bonne santé**

« Un peu de santé par-ci, par-là, c'est pour le malade le meilleur remède. »

NIETZSCHE, *Humain, trop humain*

« Rien ne contribue plus à la gaieté que la santé. [...] Nous devrions, par conséquent, nous attacher avant tout à conserver cet état parfait de santé dont la gaieté apparaît comme la floraison. Pour cela, on sait qu'il faut fuir tout excès et toutes débauches, éviter toute émotion violente et pénible, ainsi que toute contention d'esprit excessive ou trop prolongée ; il faut encore prendre, chaque jour, deux heures au moins d'exercice rapide au grand air, des bains fréquents d'eau froide, et d'autres mesures diététiques de même genre. Point de santé si l'on ne se donne tous les jours suffisamment de mouvement. »

SCHOPENHAUER, *Aphorismes sur la sagesse dans la vie*

« Le moyen de vivre longtemps, c'est de vivre bien. Il y a deux choses qui abrègent la vie : la folie et la méchanceté. Les uns l'ont perdue pour n'avoir pas su la conserver, les autres pour ne l'avoir pas voulu. Comme la vertu est elle-même sa récompense, le vice est lui-même son bourreau. Quiconque vit à la hâte dans le vice meurt bientôt, et en deux manières, au lieu que ceux qui vivent à la hâte dans la vertu ne meurent jamais. L'intégrité de l'esprit se communique au corps, et la bonne vie est longue. »

GRACIÁN, *L'Homme de cour*

« Pour avoir des passions, pour pouvoir les satisfaire, il faut sans doute se bien porter ; c'est là le premier bien ; or, ce bien n'est pas si indépendant de nous qu'on le pense. Comme nous sommes tous nés sains (je dis en général) et faits pour durer un certain temps, il est sûr que si nous ne détruisions pas notre tempérament par la gourmandise, par les veilles, par les excès enfin, nous vivrions tous à peu près ce qu'on appelle âge d'homme. J'en excepte les morts violentes qu'on ne peut prévoir, et dont, par conséquent, il est inutile de s'occuper.

Mais, me répondra-t-on, si votre passion est la gourmandise, vous serez donc bien malheureux : car si vous voulez vous bien porter, il faudra perpétuellement vous contraindre. À cela, je réponds que le bonheur étant votre but, en satisfaisant vos passions, rien ne doit vous écarter de ce but; et si le mal d'estomac ou la goutte que vous donnent les excès que vous faites à table vous causent des douleurs plus vives que le plaisir que vous trouvez à satisfaire votre gourmandise, vous calculez mal, si vous préférez la jouissance de l'un à la privation de l'autre : vous vous écartez de votre but, et vous êtes malheureux par votre faute. Ne vous plaignez pas de ce que vous êtes gourmand : car cette passion est une source de plaisirs continuels; mais sachez la faire servir à votre bonheur : cela vous sera aisé en restant chez vous, et en ne vous faisant servir que ce que vous voulez manger : ayez des temps de diète; si vous attendez que votre estomac désire par une faim bien vraie, tout ce qui se présentera vous fera autant plaisir que des mets plus recherchés, et auxquels vous ne songerez pas lorsque vous ne les aurez pas devant les yeux. Cette sobriété que vous vous serez imposée rendra le plaisir plus vif. Je ne vous la recommande pas pour éteindre en vous la gourmandise, mais pour vous en préparer une jouissance plus délicieuse. À l'égard des personnes malades, des cacochymes que tout incommode, elles ont d'autres espèces de bonheur. Avoir bien chaud, bien digérer leur poulet, aller à la garde-robe, est une jouissance pour eux. Un tel bonheur, s'il en est un, est trop insipide pour s'occuper des moyens d'y parvenir. Il semble que ces sortes de personnes soient dans une sphère dont ce qu'on appelle bonheur, jouissance, sentiments agréables ne peuvent approcher. Elles sont à plaindre; mais on ne peut rien pour elles. »

Madame du Châtelet, *Discours sur le bonheur*

« Pour s'endurcir, il faut, tant qu'on est en bonne santé, soumettre le corps dans son ensemble, comme dans chacune de ses parties, à beaucoup d'effort et de fatigue, et s'habituer à résister à tout ce qui peut l'affecter, quelque rudement que ce soit. Dès qu'il se manifeste, au contraire, un état morbide soit du tout, soit d'une partie, on devra recourir immédiatement au procédé contraire, c'est-à-dire ménager et soigner de toute façon le corps ou sa partie malade : car ce qui est souffrant ou affaibli n'est pas susceptible d'endurcissement. »

SCHOPENHAUER, *Aphorismes sur la sagesse dans la vie*

« Gardons nos yeux contre toute lumière trop vive, surtout quand elle est réfléchie, contre tout effort pendant le demi-jour, contre la fatigue de regarder longtemps de trop petits objets ; préservons nos oreilles également des bruits trop forts, mais surtout évitons à notre cerveau toute contention forcée, trop soutenue ou intempestive ; conséquemment il faut le laisser reposer pendant la digestion, car, à ce moment, cette même force vitale qui, dans le cerveau, forme les pensées, travaille de tous ses efforts dans l'estomac et les intestins… »

SCHOPENHAUER, *Aphorismes sur la sagesse dans la vie*

« Chaque fois que cela est possible, évitez de vous nourrir à la hâte. Même chez vous, n'engloutissez pas la nourriture. Manger est un acte sacré. Il nécessite d'être pleinement conscient de ce que l'on fait. »

Rabbi Nachman de BRASLAV, *La Chaise vide*

« Rester coucher immobile et penser peu, c'est là le remède le moins coûteux pour toutes les maladies de l'âme et, avec de la bonne volonté, son usage devient d'heure en heure plus agréable. »

NIETZSCHE, *Humain, trop humain*

« Insatiable non pas le ventre, comme la plupart des gens le disent, mais l'opinion fausse sur l'indéfini rassasiement du ventre. »

ÉPICURE, *Sentences vaticanes*

« Il faut apprendre à laisser sa pensée se détendre : après un repos, elle se relèvera plus assurée et plus vive. De même qu'il ne faut pas trop exploiter un sol fertile (car on aura tôt fait de l'épuiser si sans arrêt on le fait produire), un travail incessant brisera l'ardeur de l'esprit ; un répit, une courte détente lui redonneront son énergie. Quand l'effort est trop intensif, il entraîne une sorte d'usure et de dépression de l'intelligence. D'ailleurs, l'homme n'aurait pas tant d'entrain pour les distractions et les jeux si le plaisir qu'il y prend ne satisfaisait pas un instinct. À trop en abuser l'esprit perdrait son ressort et sa vigueur : le sommeil est, lui aussi, nécessaire pour restaurer nos forces ; mais, s'il se poursuit jour et nuit, c'est la mort. Suspension et suppression ne sont nullement synonymes. »

SÉNÈQUE, *La Tranquillité de l'âme*

« Il faut ménager son esprit et lui accorder de temps à autre un repos qui fera sur lui l'effet d'un aliment réparateur. Il faut également se promener en pleine campagne, car le ciel et le grand air stimulent et avivent l'intelligence ; quelquefois un déplacement, un voyage, un changement d'horizon lui donneront une vigueur nouvelle, ou encore un bon repas un peu plus arrosé que de coutume. On peut même se laisser aller à l'occasion jusqu'à l'ivresse, en en espérant non pas l'abrutissement, mais le calme : car elle dissipe les soucis, modifie totalement l'état de l'âme et guérit la tristesse, comme elle guérit certaines maladies. L'inventeur du vin n'a pas été appelé *Liber* parce qu'il libère la langue, mais bien parce qu'il délivre l'âme des soucis qui l'envahissent, qu'il la stimule, la tonifie, la dispose à toutes les audaces. »

SÉNÈQUE, *La Tranquillité de l'âme*

« Dans un art de vivre accompli où alternent, selon un ordre éprouvé, effort et repos, sérieux et jeu, travail et plaisir, la promenade a également sa place. »

Karl Gottlob SCHELLE, *L'Art de se promener*

« Il faut surtout donner au cerveau la pleine mesure de sommeil nécessaire à sa réfection, car le sommeil est pour l'ensemble de l'homme ce que le remontage est à la pendule. »

SCHOPENHAUER, *Aphorismes sur la sagesse dans la vie*

# 3

# Amour-propre, vanité et narcissisme : savoir reconnaître ses propres torts

*La légende raconte que Narcisse, fasciné par sa propre image, se promenait quotidiennement le long d'une rivière pour y observer son propre reflet, tant et si bien qu'un jour il tomba à l'eau et s'y noya. Cette parabole, qui pourrait être amusante si elle n'était si tragique, peut s'appliquer à chacun de nous, à divers degrés bien sûr. Nous oscillons, tout au long de notre vie, entre deux pôles : l'autosatisfaction et le manque de confiance en soi. L'autosatisfaction nous rend insociables, méprisants et nous plonge dans une léthargie impropre à nous faire progresser, puisque, parfaits, que nous reste-t-il à accomplir ?*

*Le manque de confiance nous rend moroses, dépressifs et met un terme à tous nos projets, puisque nous sommes persuadés d'être subitement devenus incapables de quoi que ce soit.*

*Savoir trouver le juste milieu entre ces deux excès, voilà ce à quoi les philosophes nous invitent, chacun avec ses propres termes. Refuser de reconnaître ses défauts, se voiler la face devant la réalité de notre caractère survolté, soupe au lait ou prétentieux, rien de bon à cela. Car nul n'est dupe de la comédie que nous nous jouons à nous-mêmes, surtout pas notre entourage. Il ne suffit donc pas d'accepter nos imperfections, encore faut-il tenter de les corriger. L'humour et l'autocritique que nous proposent les citations qui suivent nous y aideront peut-être.*

### Le vice de narcissisme

« Une seule chose au monde est pire que de savoir qu'on parle de vous, savoir qu'on ne parle pas de vous. »

Oscar WILDE, *Aphorismes*

« Les hommes désapprouvent toujours ce qu'ils ne sont pas capables de faire. »

Christine de SUÈDE, *Maximes*

« D'être mécontent de soi-même, c'est faiblesse ; d'en être content, c'est folie. Dans la plupart des hommes, ce contentement vient d'ignorance, et aboutit à une félicité aveugle qui véritablement entretient le plaisir, mais ne conserve pas la réputation. Comme il est rare de bien connaître les perfections éminentes des autres, l'on applaudit de celles que l'on a, quelque médiocres et vulgaires qu'elles soient. »

GRACIÁN, *L'Homme de cour*

« L'esprit de la conversation consiste bien moins à en montrer beaucoup qu'à en faire trouver aux autres : celui qui sort de votre entretien content de soi et de son esprit, l'est de vous parfaitement. Les hommes n'aiment point à vous admirer, ils veulent plaire ; ils cherchent moins à être instruits, et même réjouis, qu'à être goûtés et applaudis ; et le plaisir le plus délicat est de faire celui d'autrui. »

LA BRUYÈRE, *Les Caractères*

« Celui qui nie sa propre vanité la possède généralement sous une forme si brutale qu'il ferme instinctivement les yeux devant elle pour ne pas avoir à se mépriser. »

NIETZSCHE, *Humain, trop humain*

« Être infatué de soi, et s'être fortement persuadé qu'on a beaucoup d'esprit, est un accident qui n'arrive guère qu'à celui qui n'en a point, ou qui en a peu. Malheur pour lors à qui est exposé à l'entretien d'un tel personnage ! [...] Que serait-ce de vous et de lui, si quelqu'un ne survenait heureusement pour déranger le cercle, et faire oublier la narration ? »

LA BRUYÈRE, *Les Caractères*

« Les hommes se regardent de trop près pour se voir tels qu'ils sont. Comme ils n'aperçoivent leurs vertus et leurs vices qu'au travers de l'amour-propre, qui embellit tout, ils sont toujours d'eux-mêmes des témoins infidèles et des juges corrompus. »

MONTESQUIEU, *Éloge de la sincérité*

« Il n'y a que trop de Narcisses dans le monde, de ces gens amoureux d'eux-mêmes. Ils sont perdus s'ils trouvent dans leurs amis de la complaisance. Prévenus de leur mérite, remplis d'une idée qui leur est chère, ils passent leur vie à s'admirer. Que faudrait-il pour les guérir d'une folie qui semble incurable ? Il ne leur faudrait que les faire apercevoir du petit nombre de leurs rivaux ; que leur faire sentir leurs faiblesses ; que mettre leurs vices dans le point de vue qu'il faut pour les faire voir, que se joindre à eux-mêmes, et leur parler dans la simplicité de la vérité. »

MONTESQUIEU, *Éloge de la sincérité*

« La plupart des hommes sont tellement personnels qu'au fond rien n'a d'intérêt à leurs yeux qu'eux-mêmes et exclusivement eux. Il en résulte que, quoi que ce soit dont on parle, ils pensent aussitôt à eux-mêmes, et que tout ce qui, par hasard et du plus loin que ce soit, se rapporte à quelque chose qui les touche, attire et captive tellement toute leur attention qu'ils n'ont plus la liberté de saisir la partie objective de l'entretien. [...] Aussi sont-ils si facilement distraits, si facilement blessés, offensés ou froissés que, lors même qu'on cause avec eux, à un point de vue objectif, sur n'importe quelle matière, on ne saurait assez se garder de tout ce qui pourrait, dans le discours, avoir un rapport possible, peut-être fâcheux avec le précieux et délicat moi que l'on a devant soi. »

SCHOPENHAUER, *Aphorismes sur la sagesse dans la vie*

« Il y a une sorte de gloire, qui est une trop bonne opinion que nous concevons de notre valeur. C'est une affection inconsidérée, de quoi nous nous chérissons, qui nous représente à nous-mêmes autres que nous ne sommes : comme la passion amoureuse prête des beautés et des grâces au sujet qu'elle embrasse, et fait que ceux qui en sont épris trouvent, d'un jugement trouble et altéré, ce qu'ils aiment autre et plus parfait qu'il n'est.

Je ne veux pas que, de peur de faillir de ce côté-là, un homme se méconnaisse pourtant, ni qu'il pense être moins que ce qu'il est. Le jugement doit tout partout maintenir son droit : c'est raison qu'il voie en ce sujet, comme ailleurs, ce que la vérité lui présente. »

MONTAIGNE, *Essais*

« On aime mieux dire du mal de soi-même que de n'en point parler. »

LA ROCHEFOUCAULD, *Maximes*

**La vertu d'autocritique**

« Il y a beaucoup d'hommes qui auraient pu parvenir à la sagesse s'ils n'avaient cru eux-mêmes y être parvenus, s'ils n'avaient feint d'ignorer certaines de leurs imperfections et n'avaient été aveuglés devant les autres. Car il ne faut pas se figurer que notre propre adulation nous soit moins funeste que celle d'autrui. Qui ose se dire la vérité ? Quel est l'homme qui, au milieu d'une nuée de courtisans qui l'encensent, ne renchérirait pas encore sur les flatteries qu'on lui adresse ? »

SÉNÈQUE, *La Tranquillité de l'âme*

« Celui qui croit pouvoir trouver en soi-même de quoi se passer de tout le monde se trompe fort ; mais celui qui croit qu'on ne peut se passer de lui se trompe encore davantage. »

LA ROCHEFOUCAULD, *Maximes*

« S'adresser des reproches est une sorte de luxe. Lorsque nous rejetons le blâme sur nous-mêmes, nous avons l'impression que personne n'a le droit de nous blâmer. C'est la confession, et non le prêtre, qui nous donne l'absolution. »

WILDE, *Aphorismes*

**Le juste rapport à l'autre**

« Dès que l'on monte plus haut que les gens qui vous tiennent en admiration, ceux-ci considèrent que vous êtes tombé et déchu, car ils avaient le sentiment, en toute circonstance, d'être à la hauteur (ne fût-ce même que grâce à vous). »

NIETZSCHE, *Humain, trop humain*

« En société, celui qui donne à l'autre l'occasion de se mettre en valeur en étalant sa science, ses expériences, se place au-dessus de lui et si cet autre ne reconnaît pas sans réserve cette supériorité, il blesse gravement sa vanité, – tandis qu'au contraire il croit la satisfaire. »

NIETZSCHE, *Humain, trop humain*

« Quiconque a fait une grande action en sa vie ne doit pas s'en satisfaire. Il doit la compter pour rien, et tâcher de se surpasser toujours. On doit être toujours mal satisfait de soi-même, quelque contents que les autres paraissent de nous. »

Christine de SUÈDE, *Maximes*

« Prends de la hauteur et observe ces milliers de troupeaux, de cérémonies, toutes ces sortes de traversées dans la tempête ou dans le calme, cette diversité d'êtres qui naissent, vivent ensemble puis disparaissent. Songe aussi à la vie que d'autres menaient autrefois, à celle qui sera vécue après toi [...]. Combien d'hommes ne savent pas ton nom ; combien l'oublieront vite ; combien, qui te flattent peut-être maintenant, ne tarderont pas à te critiquer ! Et comme le souvenir, et comme la gloire, et comme enfin toute autre chose ne valent pas la peine d'en parler ! »

MARC AURÈLE, *Pensées*

« L'égotisme ne manque pas d'attraits, même dans la vie réelle. Lorsque les gens nous parlent des autres, ils sont habituellement ennuyeux. Lorsqu'ils nous parlent d'eux-mêmes, ils sont presque toujours intéressants, et s'il était possible de les arrêter lorsqu'ils deviennent assommants, comme on referme un livre qui ne nous amuse plus, ils seraient parfaits, absolument. »

WILDE, *Aphorismes*

« Personne presque ne s'avise de lui-même du mérite d'un autre. Les hommes sont trop occupés d'eux-mêmes pour avoir le loisir de pénétrer ou de discerner les autres ; de là vient qu'avec un grand mérite et une plus grande modestie, l'on peut être longtemps ignoré. »

LA BRUYÈRE, *Les Caractères*

« Imagine-les lorsqu'ils mangent, dorment, s'accouplent, vont à la selle, etc. Regarde-les ensuite quand ils se donnent de grands airs, font les fiers, se fâchent et vous accablent de leur supériorité. »

MARC AURÈLE, *Pensées*

# 4

# Plaisir, tentation : savoir consommer avec modération

*Dans la vie, il y a deux camps : celui des hommes prêts à tout pour se faire plaisir, et celui des hommes scrupuleux qui refusent de succomber à la tentation. Épicuriens contre stoïciens, partisans du plaisir affrontent ceux qui se rendent la vie impossible, à force de contraintes, de régimes ou de principes ; là encore, le juste milieu est de rigueur. Dans ce combat, c'est toute l'histoire de l'humanité qui est résumée, entre les hommes qui cherchent à se rendre la vie agréable par tous les moyens, et ceux qui culpabilisent à la moindre jouissance. Vous êtes libre de choisir votre camp et, dans la liste de conseils que vous suggèrent Christine de Suède, Madame du Châtelet, Épicure, Épictète, Oscar Wilde, Baltasar Gracián, Nietzsche, Confucius, Démocrite et Stendhal, ceux qui vous conviennent le mieux.*

## Une définition du plaisir

« J'appelle plaisir toute perception que l'âme aime mieux éprouver que ne pas éprouver. »

Henri BEYLE dit STENDHAL, *De l'amour*

**Plaisir, mode d'emploi**

« Il faut laisser les gens avec le nectar sur les lèvres. Le désir est la mesure de l'estime. Jusque dans la soif du corps, c'est une finesse de bon goût que de la provoquer, et de ne la contenter jamais entièrement. Le bon est doublement bon lorsqu'il y en a peu. Le rabais est grand la seconde fois. La jouissance trop pleine est dangereuse, car elle est cause que l'on méprise la plus haute perfection. L'unique règle de plaisir est de trouver un appétit que l'on a laissé affamé. S'il le faut provoquer, que ce soit plutôt par l'impatience du désir que par le dégoût de la jouissance. Une félicité qui coûte de la peine contente doublement. »

GRACIÁN, *L'Homme de cour*

« Le seul moyen de se débarrasser d'une tentation, c'est d'y céder. Résistez et votre âme se rend malade à force de languir après ce qu'elle s'est interdit. »

WILDE, *Aphorismes*

« L'homme rempli de joie doit être un homme bon : peut-être n'est-il pas le plus intelligent, bien qu'il atteigne ce à quoi le plus intelligent aspire de toute son intelligence. »

NIETZSCHE, *Humain, trop humain*

« La cigarette est le type parfait du parfait plaisir. Elle est exquise et nous laisse inassouvis. »

WILDE, *Aphorismes*

« Il faut savoir jouir de tout ce qui est permis sans scrupules, et s'en passer aussi sans douleur. »

Christine de SUÈDE, *Maximes*

« Mieux vaut ne pas fonder sa vie sur une base trop étroite de convoitises : car si l'on renonce aux joies suscitées par les honneurs, les fréquentations mondaines, les voluptés, le confort et les arts, un jour peut arriver où l'on s'apercevra soudain qu'au lieu d'avoir la sagesse pour amie, le renoncement vous aura conduit à la satiété et au dégoût de vivre. »

NIETZSCHE, *Humain, trop humain*

« Nous disons que le plaisir est le principe et la fin de la vie bienheureuse. Car c'est le plaisir que nous avons reconnu comme le bien premier et congénital, et c'est à partir de lui que nous commençons à choisir et refuser, et c'est à lui que nous aboutissons, en jugeant tout bien d'après l'affection prise comme règle. »

ÉPICURE, *Lettre à Ménécée*

« Il n'est pas possible de vivre avec plaisir sans vivre avec prudence, et il n'est pas possible de vivre de façon bonne et juste sans vivre avec plaisir. Qui ne dispose pas des moyens de vivre de façon prudente, ainsi que de façon bonne et juste, celui-là ne peut pas vivre avec plaisir. »

ÉPICURE, *Maximes capitales*

« Nul plaisir n'est en soi un mal ; mais les causes productrices de certains plaisirs apportent de surcroît des perturbations bien plus nombreuses que les plaisirs. »

ÉPICURE, *Maximes capitales*

« Je n'ai jamais vu quelqu'un qui aimât la vertu autant que le sexe. »

CONFUCIUS, *Entretiens*

« Les hommes éprouvent à se gratter le même plaisir qu'à faire l'amour. »

DÉMOCRITE, *Fragments*

« Parmi les plaisirs, les plus rares sont les plus vifs. »

DÉMOCRITE, *Fragments*

« L'amour d'un homme qui aime bien jouit ou frémit de tout ce qu'il s'imagine, et il n'y a rien dans la nature qui ne lui parle de ce qu'il aime. Or jouir et frémir fait une occupation fort intéressante, et auprès de laquelle toutes les autres pâlissent. »

STENDHAL, *De l'amour*

« Un homme cultivé ne regrette jamais un plaisir tandis qu'un homme inculte n'a aucune idée de ce dont il s'agit. »

WILDE, *Aphorismes*

« Il faut, pour être heureux, s'être défait des préjugés, être vertueux, se bien porter, avoir des goûts et des passions, être suceptible d'illusions, car nous devons la plupart de nos plaisirs à l'illusion, et malheureux est celui qui la perd. [...] Il faut commencer par se bien dire à soi-même et par se bien convaincre que nous n'avons rien à faire dans ce monde qu'à nous procurer des sensations et des sentiments agréables. Les moralistes qui disent aux hommes : réprimez vos passions et maîtrisez vos désirs, si vous voulez être heureux, ne connaissent pas le chemin du bonheur. On n'est heureux que par des goûts et des passions satisfaites. »

Madame DU CHÂTELET, *Discours sur le bonheur*

## La bonne mesure du plaisir

« Trois sortes de plaisirs sont bénéfiques, trois sortes de plaisirs sont néfastes. Les bénéfiques : le plaisir qu'on tire d'un rituel et d'une musique bien réglés, le plaisir de célébrer les mérites d'autrui, le plaisir d'avoir beaucoup d'amis pleins de talents. Les néfastes : les plaisirs de l'extravagance, les plaisirs du vagabondage, les plaisirs de la ripaille. »

CONFUCIUS, *Entretiens*

« Quand une idée de plaisir se présente à ton esprit, garde-toi, comme pour les autres idées, de ne point te laisser par elle emporter. Mais diffère d'agir et obtiens de toi quelque délai. Compare ensuite les deux moments :

celui où tu jouiras du plaisir et celui où, ayant joui, tu te repentiras et tu te blâmeras. »

ÉPICTÈTE, *Manuel*

« Pour tous ceux qui tirent leurs plaisirs du ventre en mangeant, en buvant et en faisant l'amour, ces jouissances sont courtes et ne durent que le temps de manger ou de boire ; par contre, elles s'accompagnent de peines nombreuses. Le désir des mêmes jouissances renaît sans cesse et, une fois atteint ce qu'il se proposait, le plaisir disparaît rapidement. Il n'y a là de bon qu'un instant de plaisir ; de nouveau on a besoin des mêmes satisfactions. »

DÉMOCRITE, *Fragments*

« — Pour ce qui regarde le corps, ne prends que selon la stricte utilité, qu'il s'agisse de nourriture, de boisson, de vêtement, d'habitation, de domesticité. Tout ce qui a trait à l'ostentation et au luxe, efface-le.

— Quant aux plaisirs de l'amour, autant que faire se peut, garde-toi pur avant le mariage ; mais, une fois engagé, prends ta part à ce qui t'est permis. Ne sois point toutefois arrogant envers ceux qui en usent, ne les blâme pas et ne te prévaux pas partout de ne point en user. »

ÉPICTÈTE, *Manuel*

« Plaisirs de longue durée ne sont plus plaisirs. »

Christine de SUÈDE, *Maximes*

« Les limites de ce qui est utile ou non sont le plaisir et le déplaisir. »

DÉMOCRITE, *Fragments*

« Pour connaître l'origine et la qualité d'un vin, il n'est pas nécessaire de boire le tonneau entier. »

WILDE, *Aphorismes*

# 5

# Bien gérer la fortune et ses revers

*Thésauriser, mettre de côté, se faire un petit bas de laine, avoir un compte en Suisse, il est bon de savoir faire des économies. L'avarice n'est cependant pas une solution pour vivre heureux. Il est donc crucial de savoir gérer son argent, en ne lui donnant ni plus ni moins d'importance qu'il n'en a. C'est-à-dire ne pas le rechercher à tout prix, par exemple, par les jeux d'argent, nous avertit Madame du Châtelet, mais également savoir être heureux avec juste ce qu'il faut d'argent pour vivre, note La Bruyère. Il n'est pas bon, lorsqu'on est pauvre, d'envier les riches ni, quand on est riche, de s'attacher à ce qu'on possède, car, la fortune étant capricieuse et versatile, il faut toujours se tenir prêt à un retournement de situation, voilà le point de vue de Baltasar Gracián.*

*Quant à Sénèque et La Rochefoucauld, ils recommandent de régler ses besoins sur ses moyens et de viser la modestie en toute chose.*

## Argent et morale

« La fortune ne devrait être possédée que par les gens d'esprit : autrement, elle représente un danger public. Car, lorsque l'homme riche ne s'entend pas à utiliser les loisirs que lui donne la fortune, il continue à convoiter toujours plus de bien : cette aspiration sera son amusement, son meilleur stratagème dans la lutte avec l'ennui. »

NIETZSCHE, *Humain, trop humain*

« Jusqu'à un certain point, la propriété offre à l'homme plus d'indépendance et de liberté ; mais au-delà, la propriété devient le maître et le propriétaire, l'esclave : il lui doit alors sacrifier son temps, sa méditation pour engager des relations, s'attacher à un lieu, s'incorporer à un État – peut-être même aux dépens de ses besoins intimes et essentiels. »

NIETZSCHE, *Humain, trop humain*

« Pour un pauvre, il est difficile d'être sans amertume. Pour un riche, il est facile d'être sans arrogance. »

CONFUCIUS, *Entretiens*

« Si l'on était en possession de tout, l'on serait dégoûté de tout. Il est même nécessaire à la satisfaction de l'entendement qu'il lui reste toujours quelque chose à savoir pour repaître sa curiosité. L'espérance fait vivre, et le rassasiement de plaisir rend la vie à charge. En fait de récompense, c'est l'adresse de ne la donner jamais tout entière. Quand on n'a plus rien à désirer, tout est à craindre ; c'est une félicité malheureuse. La crainte commence par où finit le désir. »

GRACIÁN, *L'Homme de cour*

« C'est un grand point que de savoir gouverner la fortune, soit en attendant sa belle humeur (car elle prend plaisir à être attendue), ou en la prenant telle qu'elle vient ; car elle a un flux et un reflux, et il est impossible de la fixer, hétéroclite et changeante comme elle est. Que celui qui l'a souvent éprouvée favorable ne cesse point de la presser, d'autant qu'elle a coutume de se déclarer pour les gens hardis, et que, comme galante, elle aime les jeunes gens. Que celui qui est malheureux se retire, pour ne pas recevoir l'affront d'être maltraité deux fois devant un concurrent heureux. »

GRACIÁN, *L'Homme de cour*

« Un homme fort riche peut manger des entremets, peindre ses lambris et ses alcôves, jouir d'un palais à la campagne et d'un autre à la ville, avoir un grand équipage, mettre un duc dans sa famille, et faire de son fils un grand seigneur : cela est juste et de son ressort ; mais il appartient peut-être à d'autres de vivre contents. »

LA BRUYÈRE, *Les Caractères*

« Il faut s'habituer à garder ses distances avec le luxe et à faire état de l'utilité des objets, non de leur seule apparence. Mangeons pour calmer la faim, buvons pour étancher la soif [...]. Apprenons à cultiver en nous la modération, à tempérer notre amour du faste, à réprimer notre vanité, à maîtriser nos colères, à rester serein devant la pauvreté, à pratiquer la frugalité quoiqu'en diront ceux qui trouvent avilissant de satisfaire à si peu de frais ses appétits naturels, gardons la bride sur les ambitions effrénées d'une âme toujours obsédée par les lendemains, espérons la richesse moins de la fortune que de nous-mêmes. »

SÉNÈQUE, *La Tranquillité de l'âme*

« Si l'on entre par la porte du plaisir dans la maison de la fortune, l'on en sort d'ordinaire par la porte du chagrin ; ainsi du contraire. L'habileté est plus à en sortir heureusement qu'à y entrer avec l'applaudissement populaire. C'est le sort commun des gens fortunés d'avoir les commencements très favorables, et puis une fin tragique. »

GRACIÁN, *L'Homme de cour*

« Les aises de la vie, l'abondance, le calme d'une grande prospérité font que les princes ont de la joie de reste pour rire d'un nain, d'un singe, d'un imbécile et d'un mauvais conte : les gens moins heureux ne rient qu'à propos. »

LA BRUYÈRE, *Les Caractères*

« Pour être un grand homme, il faut savoir profiter de toute sa fortune. »

LA ROCHEFOUCAULD, *Maximes*

## Anticiper les revers de fortune

« La Fortune se lasse de porter toujours un même homme sur son dos. »

GRACIÁN, *L'Homme de cour*

« Il faut gouverner la fortune comme la santé : en jouir quand elle est bonne, prendre patience quand elle est mauvaise, et ne faire jamais de grands remèdes sans un extrême besoin. »

LA ROCHEFOUCAULD, *Maximes*

« On supporte plus aisément de ne rien posséder que de perdre sa fortune, aussi nous concevrons que la pauvreté a d'autant moins de tourments à redouter qu'elle a moins de risques à courir. Car c'est une erreur de penser que les riches acceptent plus courageusement leurs malheurs : que le corps soit grand ou petit, les blessures lui sont également douloureuses. [...]

Il est aussi pénible pour un chevelu que pour un chauve de se sentir arracher les poils. Il en va ainsi pour le cas du pauvre et du riche : leur souffrance est égale, l'argent leur tient si étroitement à l'âme qu'on ne peut les en priver sans douleur. Il est d'ailleurs, je le répète, plus supportable et plus simple de ne jamais rien posséder que de perdre, et de là vient qu'on voit un air plus gai aux gens que la richesse n'a jamais rencontrés qu'à ceux qu'elle a trahis. »

SÉNÈQUE, *La Tranquillité de l'âme*

« Trop de poux finit par ne plus démanger, trop de dettes finit par ne plus attrister. »

*Proverbe chinois*

« En été, on a le temps de faire sa provision pour l'hiver, et plus commodément. Dans la prospérité, on a quantité d'amis, et tout à bon marché. Il est bon de garder quelque chose pour le mauvais temps, car il y a disette de tout dans l'adversité. Tu feras bien de ne pas négliger tes amis ; un jour viendra où tu te tiendras heureux d'en avoir quelques-uns, de qui tu ne te soucies pas maintenant. Les gens rustiques n'ont jamais d'amis, ni dans la prospérité, parce qu'ils ne connaissent personne, ni dans l'adversité, parce que personne ne les connaît alors. »

GRACIÁN, *L'Homme de cour*

## Vanité de la fortune

« N'envions point à une sorte de gens leurs grandes richesses ; ils les ont à titre onéreux, et qui ne nous accommoderait point : ils ont mis leur repos, leur santé, leur honneur et leur conscience pour les avoir ; cela est trop cher, et il n'y a rien à gagner à un tel marché. »

LA BRUYÈRE, *Les Caractères*

« Il faut avoir trente ans pour songer à sa fortune ; elle n'est pas faite à cinquante ; l'on bâtit dans la vieillesse, et l'on meurt quand on en est aux peintres et aux vitriers. »

LA BRUYÈRE, *Les Caractères*

« Ce que l'on prodigue, on l'ôte à son héritier ; ce que l'on épargne sordidement, on se l'ôte à soi-même. Le milieu est justice pour soi et pour les autres. »

LA BRUYÈRE, *Les Caractères*

## L'enfer du jeu

« Mille gens se ruinent au jeu, et vous disent froidement qu'ils ne sauraient se passer de jouer : quelle excuse ! Y a-t-il une passion, quelque violente ou honteuse qu'elle soit, qui ne pût tenir ce même langage ? Serait-on reçu à dire qu'on ne peut se passer de voler, d'assassiner, de se précipiter ? Un jeu effroyable, continuel, sans retenue, sans bornes, où l'on n'a en vue que la ruine totale de son adversaire, où l'on est transporté du désir de gain, désespéré sur la perte, consumé par l'avarice, où l'on expose sur une carte ou à la fortune du dé la sienne propre, celle de sa femme et de ses enfants, est-ce une chose qui soit permise ou dont l'on doive se passer ? Ne faut-il pas quelquefois se faire une plus grande violence, lorsque, poussé par le jeu jusques à une déroute universelle, il faut même que l'on se passe d'habits et de nourriture, et de les fournir à sa famille ? Je ne permets à personne d'être fripon ; mais je permets à un fripon de jouer un grand jeu ; je le défends à un honnête homme. C'est une trop grande puérilité que de s'exposer à une grande perte. »

LA BRUYÈRE, *Les Caractères*

« Il est une passion très déraisonnable [...] dont le motif, quelque déguisé qu'il soit, est même humiliant, et devrait seul suffire pour en guérir, et qui cependant peut rendre heureux : c'est la passion du jeu. Il est heureux de l'avoir, si l'on peut la modérer et la réserver pour le temps de notre vie où cette ressource nous sera nécessaire, et ce temps est la vieillesse. Il est certain que l'amour du jeu a sa source dans l'amour de l'argent ; il n'y a point de particulier pour qui le gros jeu (j'appelle gros jeu celui qui peut faire une différence dans notre fortune) ne soit un objet intéressant. Notre âme veut être remuée par l'espérance ou la crainte ; elle n'est heureuse que par les choses qui lui font sentir son existence. Or le jeu nous met perpétuellement aux prises avec ces deux passions, et tient, par conséquent, notre âme dans une émotion qui est un des grands principes du bonheur qui soient en nous. [...]

Il est certain que les besoins physiques sont la source des plaisirs des sens, et je suis persuadée qu'il y a plus de plaisir dans une fortune médiocre que dans une entière abondance. Une boîte, une porcelaine, un meuble nouveau, sont une vraie jouissance pour moi ; mais si j'avais trente boîtes, je serais peu sensible à la trente et unième. Nos goûts s'émoussent aisément par la satiété, et il faut rendre grâces à Dieu de nous avoir donné les privations nécessaires pour les conserver. C'est ce qui fait qu'un roi s'ennuie si souvent, et qu'il est impossible qu'il soit heureux, à moins qu'il n'ait reçu du ciel une âme assez grande pour être suceptible des plaisirs de son état, c'est-à-dire de celui de rendre un grand nombre d'hommes heureux ; mais alors, cet état devient le premier de tous par le bonheur, comme il l'est par la puissance. »

Madame du Châtelet, *Discours sur le bonheur*

# 6

# Avoir la conscience tranquille

*Dans l'expression même, il y a la notion de tranquillité qui nous préoccupe. Il y aurait donc également une conscience « intranquille », c'est-à-dire surmenée, mal à l'aise ou, en d'autres termes, ayant quelque chose à cacher. Concentrer tous ses efforts à conserver un secret indigne d'être trahi, un mystère qui révélerait notre sale caractère, notre méchanceté ou, pis, notre malhonnêteté, voilà de quoi s'épuiser rapidement. C'est pourquoi il faut, et tous les penseurs sont d'accord là-dessus, agir chaque jour et en toute circonstance en gardant à l'esprit qu'il faudra demain assumer ses actes. Voilà donc une raison de moins de se faire du souci, et une direction supplémentaire à prendre sur le chemin de la tranquillité.*

« Ne fais rien dans ta vie, qui te fasse redouter que ton voisin en prenne connaissance. »

ÉPICURE, *Sentences vaticanes*

« On se rend une justice exacte, et plus on peut se rendre témoignage que l'on a rempli ses devoirs, qu'on a fait tout le bien qu'on a pu faire, qu'on est vertueux enfin, plus on goûte cette satisfaction intérieure qu'on peut appeler la santé de l'âme. Je doute qu'il y ait de sentiment plus délicieux que celui qu'on éprouve quand on vient de faire une action vertueuse, et qui mérite l'estime des honnêtes gens. »

Madame DU CHÂTELET, *Discours sur le bonheur*

« Il faut être tel que l'on n'ait pas de quoi rougir devant soi-même. Il ne faut point d'autre règle de ses actions que sa propre conscience. L'homme de bien est plus redevable à sa propre sévérité qu'à tous les préceptes. Il s'abstient de faire ce qui est indécent, par la crainte qu'il a de blesser sa propre modestie, plutôt que pour la rigueur de l'autorité des supérieurs. »

GRACIÁN, *L'Homme de cour*

« C'est un homme digne de considération que celui qui considère qu'on le regarde, ou qu'on le regardera. Il sait que les parois écoutent et que les méchantes actions crèveraient plutôt que de ne pas sortir. Lors même qu'il est seul, il fait comme s'il était en la présence de tout le monde, parce qu'il sait que tout se saura. Il regarde comme des témoins présents, ceux qui, par leur découverte, le seront après. Celui-là ne craignait point que ses voisins tinssent registre de tout ce qu'il faisait dans sa maison, qui désirait que tout le monde le vît. »

GRACIÁN, *L'Homme de cour*

« Même dans la solitude, ne dis ni ne fais rien de blâmable. Apprends à te respecter beaucoup plus devant ta propre conscience que devant autrui. »

DÉMOCRITE, *Fragments*

« N'aie pas honte devant les autres plus que devant toi-même ; ne t'autorise pas du fait que personne ne connaîtra ta conduite pour agir plus mal que si tous en étaient informés. C'est toi-même qu'il faut respecter ; il faut instituer cette loi dans ton cœur : n'y rien laisser pénétrer de fâcheux. »

DÉMOCRITE, *Fragments*

« Nous oublions aisément nos fautes lorsqu'elles ne sont sues que par nous. »

LA ROCHEFOUCAULD, *Maximes*

« On peut laver sa robe et non sa conscience. »

*Proverbe persan*

# 7

## Savoir distinguer ce qui dépend de nous de ce qui n'en dépend pas

*Nul besoin de croire au destin pour se persuader qu'il y a toujours dans la vie des choses auxquelles on n'échappe pas. Une jambe qui se casse la veille des vacances, un réveil qui oublie de sonner le jour d'un examen, ou la rencontre impromptue d'une personne qui va changer le cours de notre vie… Quelle que soit la puissance mystérieuse qui veille sur nous, il est souvent inutile de chercher à la combattre. L'essentiel consiste surtout à trouver un bon côté à chaque événement inattendu et imprévisible qui survient. Le reste se fera tout naturellement. Ce qui ne signifie nullement qu'il faille devenir le spectateur de notre propre vie. Au contraire, apprendre à moduler ses actions et ses attentes en gardant en mémoire ceci : nous pouvons exercer notre volonté et notre action sur certaines choses, mais il est inutile de se désoler au sujet de celles auxquelles nous ne pouvons rien. Une fois convaincus de cela, la vie devient soudain beaucoup plus satisfaisante.*

« Ne demande pas que ce qui arrive arrive comme tu veux. Mais veuille que les choses arrivent comme elles arrivent, et tu seras heureux. »

ÉPICTÈTE, *Manuel*

« Il ne faut pas s'irriter contre les choses, car elles ne s'en soucient pas. »

EURIPIDE, *Fragments*

« Celui qui sait attendre le bien qu'il souhaite, ne prend pas le chemin de se désespérer s'il ne lui arrive pas ; et celui au contraire qui désire une chose avec une grande impatience, y met trop du sien pour en être assez récompensé par le succès. »

LA BRUYÈRE, *Les Caractères*

« Si tu veux que tes enfants, ta femme et tes amis vivent toujours, tu es un sot ; tu veux, en effet, que ce qui ne dépend point de toi en dépende, et que ce qui est à autrui soit à toi. Ainsi, si tu veux que ton esclave ne commette aucune faute, tu es un fou, car tu veux que le vice ne soit point vice, mais autre chose. Mais si tu veux ne pas manquer d'obtenir ce que tu désires, tu le peux. Applique-toi donc à ce que tu peux. »

ÉPICTÈTE, *Manuel*

« Les choses les plus souhaitées n'arrivent point ; ou si elles arrivent, ce n'est ni dans le temps ni dans les circonstances où elles auraient fait un extrême plaisir. »

LA BRUYÈRE, *Les Caractères*

« Souviens-toi que tu es comme un acteur dans le rôle que l'auteur dramatique a voulu te donner : court, s'il est court ; long, s'il est long. S'il veut que tu joues un rôle de mendiant, joue-le encore convenablement. Fais de même pour un rôle de boiteux, de magistrat, de simple particulier. Il dépend de toi, en effet, de bien jouer le personnage qui t'est donné ; mais le choisir appartient à un autre. »

ÉPICTÈTE, *Manuel*

« Rien ne devrait nuire à un homme si ce n'est lui-même. Absolument rien ne devrait pouvoir être dérobé à un homme. Ce qu'un homme possède réellement est ce qui est en lui. Ce qui lui est extérieur ne devrait pas avoir la moindre importance. »

WILDE, *Aphorismes*

# 8

# Vivre sans être hanté par la mort

*Depuis que les hommes se savent mortels et depuis qu'ils ont appris à écrire, le spectre de la mort a fait couler sous leur plume fébrile des litres et des litres d'encre. Qu'elle soit envisagée comme le passage vers une vie meilleure, ou comme l'aboutissement de l'existence humaine, la mort reste obsédante. Suivie d'un cortège de clichés effrayants, on se la représente symboliquement comme une vieille femme voilée tenant une faux à la main. Considérée par les médecins comme un événement biologique parfaitement normal et objectivement définie dans le dictionnaire comme « cessation définitive de la vie », la mort conserve, malgré tout, son caractère fascinant et inquiétant.*

*Comment, alors que personne n'est revenu pour raconter ce qu'il en est véritablement, expliquer l'angoisse et la peur que représente la mort ?*

*À bien réfléchir, puisque nous ne savons pas ce qu'elle nous apporte, nous ne devrions la redouter que parce qu'elle nous prive de ceux qu'on aime.*

*C'est ici qu'interviennent les philosophes, pour tour à tour nous convaincre qu'il n'y a rien à craindre dans notre propre mort, puisque nous n'en savons rien, et que, dans certaines circonstances, elle est parfois une délivrance.*

**Pour soi-même**

« La mort n'arrive qu'une fois, et se fait sentir à tous les moments de la vie : il est plus dur de l'appréhender que de la souffrir. »

LA BRUYÈRE, *Les Caractères*

« Si de tous les hommes les uns mouraient, les autres non, ce serait une désolante affliction que de mourir. »

LA BRUYÈRE, *Les Caractères*

« C'est une malédiction pour les épis de ne pas être moissonnés, et ce serait une malédiction pour les hommes de ne pas mourir. »

ÉPICTÈTE, *Manuel*

« Qui redoute la mort, redoute de n'éprouver plus aucun sentiment ou d'en éprouver d'autres. Mais s'il n'y a plus aucun sentiment, tu ne sentiras aucun mal. Et si tu acquiers d'autres sentiments, tu seras un être différent, et tu n'auras pas cessé de vivre. »

MARC AURÈLE, *Pensées*

« Les hommes commencent par l'amour, finissent par l'ambition, et ne se trouvent souvent dans une assiette plus tranquille que lorsqu'ils meurent. »

LA BRUYÈRE, *Les Caractères*

« La façon qu'a un homme de penser à la mort alors qu'il vit ses plus belles années, et tandis qu'il est en pleine force de l'âge, sans doute exprime et témoigne avec force de ce que l'on appelle son caractère ; mais, à l'heure de sa mort, son attitude sur son lit d'agonie est presque insignifiante en la matière. L'épuisement de la vie qui advient alors, surtout quand ce sont de vieilles gens qui meurent, l'irrigation irrégulière et insuffisante du cerveau pendant ces derniers instants, ce qu'il y a parfois d'insupportable dans la douleur, la nouveauté de cette expérience inconnue, et trop fréquemment un accès de crainte, un recours à la superstition, comme si la mort avait une grande importance et qu'il fallait franchir des ponts de la plus épouvantable espèce – rien de tout cela ne permet de considérer la mort comme un témoignage sur la vie. C'est une erreur de croire que le mourant soit en général plus loyal que le vivant : bien au contraire, presque chacun est poussé par l'attitude solennelle de son entourage, les larmes et les effusions contenues ou répandues, à une comédie de vanité, tantôt consciente, tantôt inconsciente. Le sérieux avec lequel est traité tout moribond a certainement été, pour nombre de pauvres diables méprisés toute leur vie durant, la jouissance la plus délicieuse, une sorte de compensation et d'indemnité pour de nombreuses privations. »

NIETZSCHE, *Humain, trop humain*

« Tout homme qui craint la mort, n'est capable de rien de grand. »

Christine de SUÈDE, *Maximes*

« Nul n'a eu tant de chance dans sa vie pour n'être point, à l'heure de sa mort, entouré de gens qui saluent avec joie le mal qui lui arrive. Était-il consciencieux et sage ? Il se trouvera quelqu'un pour dire à part soi : "Nous allons pouvoir enfin souffler sans ce maître d'école ! Il ne fut pas, sans doute, bien gênant pour aucun de nous, mais je sentais qu'en lui-même il nous désapprouvait." Voilà ce qu'on dira du consciencieux. Quant à nous autres, combien d'autres raisons font désirer à certains de se voir débarrassés de nous ! Tu devrais y réfléchir en mourant, et tu t'en iras d'autant plus aisément que tu penseras : "Je quitte cette vie au cours de laquelle mes associés eux-mêmes, pour qui j'ai tant lutté, tant formulé de vœux, dont je me suis tant préoccupé, sont les premiers à souhaiter ma disparition, dans l'espérance qu'ils en retireront un quelconque profit !" Pourquoi donc tiendrait-on à prolonger son séjour ici-bas ?

Cependant ne t'en va pas en ayant à cause de cela des sentiments de moindre bienveillance pour eux. Garde ton humeur ordinaire, sois amical, bienveillant, avenant, sans laisser croire qu'on t'arrache. Mais, de la même façon que l'âme, dans une belle mort, s'échappe facilement du corps, il faut ainsi te retirer d'eux. C'est à eux, en effet, que la nature te lia et t'associa.

— Mais, aujourd'hui, elle t'en sépare.

Je m'en sépare donc comme on se sépare entre amis, sans résister mais aussi sans contrainte, car c'est aussi là un de ces actes conformes à la nature. »

MARC AURÈLE, *Pensées*

« Par la perspective certaine de la mort, on pourrait mêler à la vie une goutte délicieuse et parfumée d'insouciance – mais, vous autres, singuliers alchimistes de l'âme que vous êtes, vous avez changé cette goutte en poison amer qui rend répugnante la vie tout entière ! »

NIETZSCHE, *Humain, trop humain*

« Accoutume-toi à penser que la mort, avec nous, n'a aucun rapport ; car tout bien et tout mal résident dans la sensation : or la mort est privation de sensation. Il s'ensuit qu'une connaissance correcte du fait que la mort, avec nous, n'a aucun rapport, permet de jouir du caractère mortel de la vie, puisqu'elle ne lui impose pas un temps inaccessible, mais, au contraire, retire le désir de l'immortalité. Car il n'y a rien à redouter dans le fait de vivre, pour qui a authentiquement compris qu'il n'y a rien à redouter dans le fait de ne pas vivre. Si bien qu'il est sot celui qui dit craindre la mort non parce qu'elle l'affligera lorsqu'elle sera là, mais parce qu'elle l'afflige à l'idée qu'elle sera là. Car la mort qui, lorsqu'elle est là, ne nous cause pas d'embarras, provoque une affliction vide lorsqu'on l'attend. Le plus terrifiant des maux, la mort, n'a donc aucun rapport avec nous, puisque précisément, tant que nous sommes, la mort n'est pas là, et une fois que la mort est là, alors nous ne sommes plus. »

ÉPICURE, *Lettre à Ménécée*

« Qui peut, avec les plus rares talents et les plus excellents mérites, n'être pas convaincu de son inutilité, quand il considère qu'il laisse en mourant un monde qui ne se sent pas de sa perte, et où tant de gens se trouvent pour le remplacer ? »

LA BRUYÈRE, *Les Caractères*

« Quelques-uns, par suite de l'ignorance où ils sont de la décomposition réservée à notre nature, par suite aussi de la conscience qu'ils ont de leurs mauvaises actions, passent leur vie dans le trouble et l'angoisse, en imaginant des fables mensongères sur ce qui advient après la mort. »

DÉMOCRITE, *Fragments*

« Quant à la mort, cet instant où l'âme s'éloigne du corps est trop fugitif et trop bref pour qu'on puisse en avoir conscience. Qu'une corde vous étrangle, que l'eau vous asphyxie, que vous vous fracassiez la tête en tombant sur le pavé, ou que vous aspiriez des vapeurs qui vous suffoquent, quel que soit le moyen, le résultat est rapide. Ne doit-on pas rougir qu'une chose qui dure si peu fasse peur si longtemps ? »

SÉNÈQUE, *La Vie heureuse*

« Ce qui trouble les hommes, ce ne sont pas les choses, mais les jugements qu'ils portent sur ces choses. Ainsi, la mort n'est rien de redoutable, puisque, même à Socrate, elle n'a point paru telle. Mais le jugement que nous portons sur la mort en la déclarant redoutable, c'est là ce qui est redoutable. »

ÉPICTÈTE, *Manuel*

Que de fois nous mourons de notre peur de mourir. »

SÉNÈQUE, *La Tranquillité de l'âme*

« Celui qui craint la mort ne fera jamais œuvre d'homme ; mais celui qui se dira que, dès l'instant où il fut conçu, son destin était tracé, mènera sa vie plus sereinement et, de surcroît, aura l'avantage, grâce à cette même force d'esprit, de ne jamais se laisser surprendre par quelque événement que ce soit. En considérant d'avance que tout ce qui arrive devait arriver, il amortira le choc de tous les maux : car pour qui s'y est préparé et s'y attend le malheur n'a rien de déconcertant. »

SÉNÈQUE, *La Tranquillité de l'âme*

« Celui qui estime qu'il n'y a de bon que ce qui advient à son heure, pour qui il est égal d'accomplir un nombre plus ou moins grand d'actions conformes à la droiture, pour qui il importe peu de contempler le monde plus ou moins longtemps ; pour cet homme-là, la mort n'a rien d'effrayant. »

MARC AURÈLE, *Pensées*

**Pour autrui**

« D'ordinaire, nous trouvons incompréhensible l'absence d'un homme longtemps après sa mort : pour les très grands hommes, souvent seulement après des dizaines d'années. Celui qui est franc se dit, à l'occasion d'un décès, qu'en définitive il n'y a pas grand-chose à regretter et que celui qui prononce solennellement l'oraison funèbre est un hypocrite. Mais ce n'est que bien plus tard qu'on mesure la raison d'être d'un individu et sa véritable épitaphe est un tardif soupir de regret. »

NIETZSCHE, *Humain, trop humain*

# 9

# Remords et regrets

*Ce qui est fait est fait. Alors, comment réagir face à une erreur commise ? C'est dans son tempérament que chacun trouvera la réponse. Certains passent leur vie à regretter amèrement une faute que d'autres renouvellent chaque jour. Sans juger les premiers ni les derniers, demandons-nous dans quelle mesure le regret est utile à notre bien-être et à notre tranquillité. Reconnaître un tort et s'en débarrasser, voilà le fruit qu'il faut espérer tirer des remords et des regrets.*

« Notre repentir n'est pas tant un regret du mal que nous avons fait, qu'une crainte de celui qui nous en peut arriver. »

LA ROCHEFOUCAULD, *Maximes*

« De nos jours, la plupart des gens meurent d'une espèce de bon sens rampant et découvrent trop tard qu'il n'y a que les erreurs qu'on ne regrette jamais. »

WILDE, *Aphorismes*

« Ne jamais se laisser envahir par le remords, mais se dire immédiatement : ce serait ajouter une seconde erreur à la première. – Si l'on a occasionné le mal, il faut penser à faire le bien. Si l'on est puni à cause de sa mauvaise action, il faut supporter sa peine en ayant le sentiment d'en faire une chose bonne : on empêche les autres, par l'exemple que l'on représente, de tomber dans la même folie. Tout malfaiteur puni doit se considérer comme un bienfaiteur de l'humanité. »

NIETZSCHE, *Humain, trop humain*

« Regretter ses actes honteux, c'est sauver sa vie. »

DÉMOCRITE, *Fragments*

« Le remords, vain comme la morsure d'un chien sur une pierre, est une sottise. »

NIETZSCHE, *Humain, trop humain*

# 10

# Face au malheur

*Nul ne souhaite être malheureux. Pourtant, il arrive qu'indépendamment de notre volonté nous le soyons. Mais il existe quelques moyens de se préparer à ressentir moins durement les obstacles qui se dressent sur notre chemin.*

*D'abord, même s'il vaut mieux, par prudence, s'attendre aux coups durs, il ne sert à rien de se monter la tête (Marc Aurèle). Ensuite, il ne faut pas présumer de sa propre capacité de réaction car, en cas de force majeure, on puise en soi-même des ressources qu'on n'aurait jamais soupçonnées (La Bruyère). Enfin, inutile de succomber au pessimisme, qui est l'un de nos pires alliés pour nous rendre nous-mêmes malheureux (Sénèque). Une cuillère à soupe de prévoyance, un gramme d'optimisme, une pincée de courage, et le tour est joué.*

« L'art de vivre ressemble plus à celui de la lutte qu'à celui de la danse, en ce qu'il faut se tenir prêt et sans trembler à parer aux coups directs et inattendus. »

MARC AURÈLE, *Pensées*

« Il y a des maux effroyables et d'horribles malheurs où l'on n'ose penser, et dont la seule vue fait frémir : s'il arrive que l'on y tombe, l'on se trouve des ressources que l'on ne se connaissait point, l'on se raidit contre son infortune, et l'on fait mieux qu'on ne l'espérait. »

LA BRUYÈRE, *Les Caractères*

« La déception est bien moins pénible quand on ne s'est pas d'avance promis le succès. »

SÉNÈQUE, *La Tranquillité de l'âme*

« Un gentilhomme des nôtres merveilleusement sujet à la goutte, étant pressé par les médecins de laisser du tout l'usage des viandes salées, avait accoutumé de répondre fort plaisamment, que sur les efforts et les tourments du mal, il voulait avoir à qui s'en prendre, et que s'écriant et maudissant tantôt le cervelas, tantôt la langue de bœuf, il s'en sentait d'autant allégé. [...] Quelles causes n'inventons-nous des malheurs qui nous adviennent ? À quoi ne nous prenons-nous à tort ou à droit, pour avoir où nous escrimer ? »

MONTAIGNE, *Essais*

« "Ce qui peut frapper l'un peut frapper tous les autres." Si nous nous pénétrons à fond de cette maxime et si, en assistant aux innombrables malheurs qui, chaque jour, affectent notre prochain, nous pensons qu'ils nous affecteraient tout autant, nous serions des gens armés longtemps avant l'attaque. Il n'est plus temps, quand le danger est présent, de nous fortifier contre lui. »

SÉNÈQUE, *La Tranquillité de l'âme*

« Il ne faut quelquefois qu'une jolie maison dont on hérite, qu'un beau cheval ou un joli chien dont on se trouve le maître, qu'une tapisserie, qu'une pendule, pour adoucir une grande douleur, et pour faire moins sentir une grande perte. »

LA BRUYÈRE, *Les Caractères*

« La première chose à éviter, c'est de nous agiter pour des objets inutiles ou d'une manière inutile : c'est-à-dire de concevoir des ambitions irréalisables ou de nous apercevoir un peu tard, une fois nos désirs satisfaits, que nous nous sommes démenés sans autre bénéfice. Autrement dit, évitons, d'une part, les efforts stériles et sans résultat, et, d'autre part, les résultats disproportionnés à l'effort. Car il est presque fatal que notre humeur s'assombrisse, soit après un échec, soit après un succès dont nous avons à rougir. »

SÉNÈQUE, *La Colère*

« Dans nos malheurs personnels, il ne faut jamais donner à la douleur que ce qu'exige la nature, et non ce qu'en attend la convenance. Trop de gens versent des larmes pour qu'on les voie couler et ont les yeux secs aussitôt que personne ne les regarde plus ! Mais ils estimeraient déshonorant de ne pas pleurer quand tout le monde le fait : l'habitude de s'assujettir à l'opinion est un mal si invétéré que le plus spontané de tous les sentiments, la douleur, a aussi son affectation. »

SÉNÈQUE, *La Tranquillité de l'âme*

« Si tu te montres faible dans les jours de l'adversité, ta force n'est que faiblesse. »

*Bible, Livre des Proverbes*

« L'homme est un apprenti, la douleur est son maître. »

Alfred DE MUSSET, *La Nuit de mai*

# 11

# Ne pas se mettre en colère

*Crier au vinaigre, être fumasse, se mettre en pétard, friser son nase, grimper au cocotier, bref se mettre en colère, fait partie de la vie quotidienne de chacun d'entre nous. Comme arme, nous l'utilisons en réponse à la méchanceté d'autrui, en parade à l'impuissance. Mais elle peut aussi résulter d'une incontrôlable irascibilité, qui jaillit sans prévenir, sans motif et sans but. Sentiment universel fort répandu, la colère nuit à l'homme autant physiquement que moralement, comme l'indique l'étymologie du mot lui-même, qui vient du terme grec* kholè *désignant la bile. La colère est donc le résultat d'une sécrétion abondante de bile (dont la rétention provoque la jaunisse). Rendant ainsi l'homme malade, la colère l'éloigne de son entourage. Dans la Bible, à plusieurs reprises, il est fait mention de la colère, comme néfaste pour l'homme et son bien-être. On lit dans l'Ecclésiaste : « L'envie et la colère abrègent les jours. » Auparavant déjà, Ménandre déclarait dans ses fragments (IVe s. av. J.-C.) : « Jamais la colère n'a bien conseillé. » Marc Aurèle (IIe s. de notre ère) avertit lui aussi du danger que représente la colère : « Les conséquences de la colère sont beaucoup plus graves que ses causes. » Plus proche de nous enfin, Jean de La Fontaine affirme, dans l'une de ses fables, qu'« il faut faire coucher la colère à la porte ».*

*En bref, la colère occupe l'esprit des penseurs qui, depuis l'Antiquité, tentent tour à tour de la définir, de la justifier ou de la combattre. Pour l'essentiel, ils se mettent d'accord : la colère est un sentiment mauvais, proprement humain. Donc, combattable par la raison.*

*Car, c'est l'évidence, la colère est aux antipodes de la tranquillité. Pourquoi diable se mettre en colère alors qu'il est possible d'exprimer son mécontentement par des mots simples et efficaces ?*

*Sénèque est le plus éloquent sur la colère et ses conséquences. Homme d'État, tragédien, philosophe et précepteur, né quatre ans avant notre ère, il lui a consacré de longues heures de réflexion et un essai en prose :* De ira *(41 ap. J.-C.).*

*À l'époque où il rédige ce texte, Caligula fait régner la terreur sur Rome. Sénèque, ami proche des sœurs de l'empereur, fait figure de tête pensante dans un contexte politique à la dérive. Caligula est assassiné et Sénèque, accusé d'adultère par le frère de l'empereur défunt, Claude, est exilé en Corse. C'est vraisemblalement pendant cet exil que Sénèque écrit* De ira, *l'adressant fictivement à son frère Novatus. Il y examine la colère dans tous ses recoins : la définit, en décrit les caractéristiques et indique les moyens de corriger ce vice qui est, selon lui, à l'origine des massacres commis par Caligula. Plus tard, Sénèque utilisera le fruit de cette réflexion dans l'éducation qu'il donne à Néron, dont il devient le précepteur en 49, avant d'être à nouveau accusé, mais cette fois de conspiration, et de se suicider sur ordre de son ancien disciple, en 65.*

*Il y a, dans la vie et l'œuvre de Sénèque, de quoi méditer et prendre des mesures pour ne plus céder à la colère, cette passion de l'âme si dévastatrice.*

## Portrait d'un homme en colère

« Si tu veux avoir la preuve que ceux que domine la colère n'ont pas leur bon sens, observe leur comportement; car si ce sont des symptômes évidents de la folie que des yeux révulsés et menaçants, un front sombre, un air farouche, un pas précipité, des mains tremblantes, un changement de couleur, une respiration forte et haletante, les mêmes signes se retrouvent dans la colère : les yeux s'enflamment, lancent des éclairs, une vive rougeur envahit le visage sous l'action du sang qui afflue, les lèvres tremblent, les dents se serrent, les cheveux se dressent et se hérissent, la respiration est gênée et bruyante, les articulations, en se tordant, craquent ; aux gémissements, aux mugissements se mêlent des bribes de phrases incompréhensibles, les mains s'entrechoquent sans cesse, les pieds frappent le sol, le corps tout entier est en mouvement et lance des menaces irritées ; les traits, grimaçants et bouffis, sont défigurés et hideux. On ne sait ce qui l'emporte dans ce vice, de l'odieux ou de la laideur. [...] La colère n'a rien de grand ni de noble. [...] Il n'y a de vraiment grand que ce qui, en même temps, est calme. »

SÉNÈQUE, *La Colère*

**La colère à l'origine de la barbarie ?**

« Pour qu'on ne s'y trompe pas et qu'on ne croie pas à son rôle bienfaisant en aucune circonstance, en aucun lieu, il faut décrire la rage effrénée et foudroyante, lui rendre ses apprêts habituels, chevalets, garrots, croix, feux allumés autour des corps empalés, crochets traînant les cadavres, divers genres d'entraves, divers genres de sévices, écartèlements, marques sur le front, antres de bêtes monstrueuses : c'est là qu'il faut placer la colère, dont l'expression a quelque chose de sinistre et de lugubre, plus épouvantable encore que tous les instruments de sa fureur. Si le moindre doute subsistait sur ses autres conséquences, on reconnaîtra du moins qu'aucun sentiment ne fait le visage plus hideux. [...] Nous trouverons un moyen de ne pas céder à la colère en nous mettant de temps à autre sous les yeux tous ses vices et en l'estimant à sa juste valeur. »

SÉNÈQUE, *La Colère*

**Quelques règles élémentaires pour ne plus succomber à la colère**

1. « Pour que l'âme soit tranquille, il ne faut pas la malmener ni la fatiguer par des entreprises nombreuses, importantes et au-dessus de ses forces. »

2. « Sachons éviter les offenses, puisque nous ne savons pas les supporter. Il faut vivre dans un environnement paisible, facile, nullement tourmenté ou morose ; on imite les mœurs de son entourage, et de même que certaines affections corporelles se communiquent par contact, de même l'âme transmet ses maux à ses proches. [...] Non seulement il est plus profitable de vivre avec des gens calmes, mais on ne trouve pas de motifs de s'emporter et on ne cède plus à son vice. Aussi devra-t-on fuir tous ceux qu'on sait susceptibles d'exciter l'irascibilité. »

3. « Choisissons plutôt, si nous avons conscience de notre irritabilité, des gens capables de se régler sur notre humeur et nos paroles. Bien sûr, ils nous rendront capricieux, ils nous feront prendre la mauvaise habitude de ne rien entendre de contraire à nos désirs ; mais il sera bon de donner à son vice du relâche et du repos. Même les natures difficiles et indomptées supporteront celui qui les flatte ; la caresse n'éveille ni la rudesse ni l'effroi. »

4. « Toutes les fois qu'une discussion sera trop longue ou trop acharnée, arrêtons-nous avant qu'elle ne s'aggrave ; la dispute alimente la dispute et engloutit ceux qui s'y plongent : il est plus facile de se tenir loin du combat que de s'en tirer. »

5. « Les gens irritables [...] peuvent se laissent charmer par la lecture des vers et amuser par les récits historiques. [...] Pythagore apaisait par le son de la lyre les agitations de l'âme ; qui d'ailleurs ignore que les clairons

et les trompettes sont des excitants, comme certains chants, des calmants qui apaisent nos pensées ? »

6. « Un vieux dicton affirme qu'"homme fatigué cherche querelle" ; j'en dirais autant de l'homme affamé, assoiffé et en général rongé par quelque affection. [...] L'esprit atteint s'offense de la moindre chose, au point que chez certains un salut, une lettre, un discours, une question deviennent matière à polémique; jamais malade n'est touché sans se plaindre. Le mieux est donc aux premiers symptômes du mal de se soigner, de laisser à ses propres paroles le moins de liberté possible et d'en retenir le flux. »

7. « Tous les hommes ne sont pas vulnérables de la même façon; aussi faut-il connaître son point faible pour le protéger davantage. »

8. « Il n'est pas bon de tout voir et de tout entendre. Fermons les yeux sur bien des offenses : la plupart ne nous atteignent pas parce qu'on les ignore. Tu ne veux pas être irrité ? Alors, ne sois pas curieux. »

9. « Socrate, dit-on, frappé d'un sufflet, se contenta de remarquer qu'il était fâcheux pour un homme d'ignorer quand il devait sortir casqué. L'important, donc, n'est pas la manière dont l'injure est faite, mais celle dont elle est supportée. »

10. « Le temps est le meilleur remède à la colère; il permet au premier accès de diminuer et aux brumes qui obscurcissent l'esprit de disparaître ou de se dissiper. Certains des transports qui te rendaient furieux s'affaibliront, je ne dis pas en un jour, mais en une heure; certains s'évanouiront totalement. [...] Chaque fois que tu veux connaître le fond d'une chose, confie-la au temps. »

11. « Si tu veux vaincre la colère, elle ne peut te vaincre. Tu commences à vaincre si tu la fais taire [...]. Enfouissons-la dans les replis les plus profonds du cœur; empor-

tons-la, qu'elle ne nous emporte pas. Au contraire, prenons le contre-pied de tous les indices qui la révèlent : que le visage se détende, que la voix s'adoucisse, que la démarche se ralentisse ; peu à peu l'intérieur imitera l'extérieur. »

12. « Il est préférable de guérir l'offense plutôt que de la venger. La vengeance prend beaucoup de temps, elle expose à bien des offenses. Notre colère est alors plus durable que la blessure qui nous est faite. Ne vaut-il pas mieux employer un procédé contraire et ne pas répondre au vice par un autre vice ? »

13. « Tu t'emportes contre celui-ci, puis contre celui-là, [...] contre tes parents, puis contre tes enfants, contre des gens connus, puis contre des inconnus ; partout les motifs abondent, si l'esprit ne raisonne plus. La colère t'entraînera de-ci de-là et, de temps à autre, de nouveaux excitants donneront à ta rage un aliment perpétuel. Ah ! malheureux, quand donc sauras-tu aimer ? Que de temps perds-tu en mauvaises pensées ! »

14. « Ne faisons pas de comparaison, réjouissons-nous de notre sort ; celui que torture un plus heureux que lui n'en sera pas plus heureux. [...] Remercie plutôt pour ce que tu as reçu, attends le reste et réjouis-toi de ne pas être rassasié : c'est un plaisir d'avoir encore à espérer. »

15. « Pense d'avance que tu auras beaucoup à souffrir. Mais s'étonne-t-on d'avoir froid en hiver, d'éprouver des nausées en mer, d'être secoué sur les routes ? L'âme résiste aux maux auxquels elle est préparée. »

16. « Punir l'homme irrité, l'affronter directement, c'est l'exciter ; il faut l'aborder d'une manière détournée et séduisante, à moins que tu ne sois un assez puissant personnage pour briser sa colère. »

17. « Donnons à notre âme la paix que procure la méditation des préceptes salutaires, une activité tournée vers le

bien, un esprit tendu vers l'unique désir de la vertu. Satisfaisons la conscience, ne nous soucions pas de la renommée ; elle peut être mauvaise au besoin, si elle s'attache à nos belles actions. »

18. « Que souhaites-tu à celui qui t'irrite de plus que la mort ? Sans que tu fasses le moindre geste, il mourra. Tu gaspilles tes forces à vouloir faire ce qui se produira. [...] Tant que nous sommes parmi les hommes, pratiquons l'humanité. »

SÉNÈQUE, *La Colère*

*Les précieuses recommandations de Sénèque doivent cependant être nuancées. La colère d'autrui peut parfois nous être utile, ainsi que Nietzsche l'explique, cyniquement mais avec clairvoyance, dans l'aphorisme suivant :*

La colère vide l'âme de toutes ses ressources, de sorte que le fond paraît à la lumière. C'est pourquoi, si l'on n'arrive pas à voir clair autrement, il faut provoquer la colère de son entourage, de ses partisans et de ses adversaires, pour apprendre ce qui se pense et se trame dans votre dos. »

NIETZSCHE, *Humain, trop humain*

*C'est bien de notre propre colère qu'il est question dans les textes de Sénèque, de cet emportement qui nuit à la maîtrise de soi et désarme ceux qui y sont sujets. Ainsi, tandis que la réplique à une attaque devrait être juste et cinglante, la colère ridiculise et manifeste grossièrement ce qui devrait être exprimé clairement. Et Baltasar Gracián rejoint Sénèque en cela :*

« Ne s'emporter jamais. C'est un grand point que d'être toujours maître de soi-même. C'est être homme par excellence ; c'est avoir un cœur de roi, attendu qu'il est très difficile d'ébranler une grande âme. Les passions sont les humeurs élémentaires de l'esprit : dès que ces humeurs excèdent, l'esprit devient malade, et si le mal va jusqu'à la bouche, la réputation est fort en danger. Il faut donc se maîtriser si bien que l'on ne puisse être accusé d'emportement, ni au fort de la prospérité ni au fort de l'adversité ; qu'au contraire on se fasse admirer comme invincible. »

GRACIÁN, *L'Homme de cour*

*Toutefois, la colère se justifie lorsqu'elle est l'expression d'une réaction saine, de bon sens, par exemple lorsqu'elle s'indigne devant l'injustice ou la cruauté. Mais, si elle n'est pas maîtrisée, la colère est vaine : tel est l'enseignement qu'il faut retenir du philosophe romain et de Baltasar Gracián.*

*Il faut aussi reconnaître que, dans notre vie quotidienne, bien des choses nous conduisent à une fureur inutile. Et qui osera justifier la colère des automobilistes, ou l'énervement qui s'empare de certains dans la bataille de Caddies qui a lieu régulièrement aux abords des caisses de supermarché ? Ces débordements sont forcément néfastes pour la tranquillité, c'est une évidence, mais aussi pour la santé, tant on sait qu'ils peuvent entraîner nombre de maladies psychosomatiques.*

# 12

# Ne pas juger trop vite

*Il est difficile de s'avouer que l'on succombe trop souvent à la tentation des préjugés. Il est évidemment toujours plus facile et plus pratique de s'en remettre aux idées préconçues plutôt que de prendre le temps d'examiner la question face à laquelle nous nous trouvons. Or ce travers proprement humain, qui s'apparente souvent à la fainéantise ou même à la mauvaise foi, conduit parfois à l'incompréhension, souvent au mépris ou même au racisme.*

*Pour résister à ces vices dangereux, l'essentiel est de prendre le temps de juger par soi-même de certaines idées toutes faites, d'accepter la remise en question, mais aussi de savoir se mettre à la place d'autrui, de ne pas céder à la critique abusive et, enfin, de ne pas se laisser tromper par les apparences. Car la connaissance vraie des choses est aussi une source de sérénité.*

« Il faut que tu prennes congé de ce que tu veux connaître et mesurer, du moins pour un temps. Ce n'est qu'en regardant la ville de loin que l'on perçoit bien la hauteur de ses tours au-dessus des maisons. »

NIETZSCHE, *Humain, trop humain*

« Une autre source de bonheur, c'est d'être exempt de préjugés, et il ne tient qu'à nous de nous en défaire. Nous avons tous la portion d'esprit nécessaire pour examiner les choses qu'on veut nous obliger de croire. [...] Qui dit préjugé dit une opinion qu'on a reçue sans examen, parce qu'elle ne se soutiendrait pas. L'erreur ne peut jamais être un bien, et elle est sûrement un grand mal dans les choses d'où dépend la conduite de la vie. »

Madame du Châtelet, *Discours sur le bonheur*

« Ne s'empresser ni ne se passionner jamais, c'est la marque d'un cœur qui est toujours au large. [...] Il faut traverser la vaste carrière du temps pour arriver au centre de l'occasion. [...] La fortune même récompense avec usure ceux qui ont la patience de l'attendre. »

Gracián, *L'Homme de cour*

« Chacun juge selon son intérêt, et abonde en raisons dans tout ce que son appréhension lui représente. La plupart des hommes font céder la raison à la passion. De deux personnes qui sont d'avis contraire, l'une et l'autre présument que la raison est de son côté ; mais elle, qui est toujours fidèle, n'a jamais été à deux visages. C'est au sage de réfléchir sur un point si délicat ; et par son doute il corrigera l'entêtement des autres. Qu'il se mette quelquefois du côté de son adversaire, pour examiner sur quoi il se fonde ; et cela fera qu'il ne le condamnera pas, ni qu'il ne se donnera lui-même si facilement cause gagnée. »

Gracián, *L'Homme de cour*

« Le plaisir de la critique nous ôte celui d'être vivement touché de très belles choses. »

La Bruyère, *Les Caractères*

« N'avez-vous jamais vu des gens qui, pour se plaindre du peu d'état que vous faites d'eux, vous étalent l'exemple de gens de condition qui les estiment ? Je leur répondrais à cela : "Montrez-moi le mérite par où vous avez charmé ces personnes, et je vous estimerai de même." »

Pascal, *Pensées*

« L'intérieur des familles est souvent troublé par les défiances, par les jalousies et par l'antipathie, pendant que des dehors contents, paisibles et enjoués, nous trompent et nous y font supposer une paix qui n'y est point : il y en a peu qui gagnent à être approfondies. Cette visite que vous rendez vient de suspendre une querelle domestique, qui n'attend que votre retraite pour recommencer. »

LA BRUYÈRE, *Les Caractères*

« Il ne faut pas juger les hommes comme d'un tableau ou d'une figure, sur une seule et première vue : il y a un intérieur et un cœur qu'il faut approfondir. Le voile de la modestie couvre le mérite, et le masque de l'hypocrisie cache la malignité. Il n'y a qu'un très petit nombre de connaisseurs qui discernent, et qui soient en droit de prononcer ; ce n'est que peu à peu, et forcés même par le temps et les occasions, que la vertu parfaite et le vice consommé viennent enfin à se déclarer. »

LA BRUYÈRE, *Les Caractères*

« La règle de Descartes qui ne veut pas qu'on décide sur les moindres vérités avant qu'elles soient connues clairement et distinctement, est assez belle et assez juste pour devoir s'étendre au jugement que l'on fait des personnes. »

LA BRUYÈRE, *Les Caractères*

« La promptitude à croire le mal sans l'avoir assez examiné est un effet de l'orgueil et de la paresse. On veut trouver des coupables ; et on ne veut pas se donner la peine d'examiner les crimes. »

LA ROCHEFOUCAULD, *Maximes*

# 13

# Chercher le bonheur en toute chose

« *Il faut tout relativiser et ne rien dramatiser : il est plus conforme à la nature humaine de rire de la vie que d'en pleurer* », *déclare Sénèque, dans son essai sur la tranquillité de l'âme. Bien sûr, cela semble plus facile à dire qu'à faire. Pourtant, avoir le nez sur ses propres soucis et ressasser à l'infini ses problèmes dans sa tête finit par avoir comme principal effet celui d'un miroir grossissant et déformant. Pour n'accorder aux obstacles de la vie que leur vraie valeur, il est bon de prendre du recul. Mais il faut également se souvenir que les problèmes qui nous assaillent sont proportionnels à nos espoirs dans cette vie : ainsi, plus nous désirons être heureux, plus effectivement la moindre contrariété nous minera. Apprenons à prendre les choses comme elles viennent, à ne pas avoir les yeux plus gros que le ventre, enfin à voir le bien en toute chose. Car même un mal peut, sous des apparences trompeuses, cacher un bien.*

## Le bonheur est une question de point de vue

« Le monde dans lequel chacun vit dépend de la façon de le concevoir. […] Pendant que tel porte envie à tel autre pour les aventures intéressantes qui lui sont arrivées pendant sa vie, il devrait plutôt lui envier le don de conception qui a prêté à ces événements l'importance qu'ils ont dans sa description, car le même événement qui se présente d'une façon si intéressante dans la tête d'un homme d'esprit, n'offrirait plus, conçu par un cerveau plat et banal, qu'une scène insipide de la vie de tous les jours. »

SCHOPENHAUER, *Aphorismes sur la sagesse dans la vie*

« Les mêmes causes qui nous procurent des biens peuvent également nous causer des maux, tout en nous offrant le moyen de les éviter. Par exemple, l'eau profonde nous est fort utile, mais elle peut aussi nous être nuisible, car nous risquons de nous y asphyxier. Pour parer à ce danger, on a trouvé un moyen : apprendre à nager. »

DÉMOCRITE, *Fragments*

« Tout est bon ou mauvais, selon le caprice des gens ; ce qui plaît à l'un déplaît à l'autre. C'est un insupportable fou que celui qui veut que tout aille à sa fantaisie. Les perfections ne dépendent pas d'une seule approbation. Il y a autant de goûts que de visages, et autant de différence entre les uns qu'entre les autres. Nul défaut n'est sans partisan, et il ne faut point te décourager, si ce que tu fais ne plaît pas à quelques-uns, attendu que les autres ne laisseront pas de te censurer. La règle pour connaître ce qui est digne d'estime, c'est l'approbation des gens de mérite et des personnes reconnues capables d'être bons juges de la chose. La vie civile ne roule pas sur un seul avis, ni sur un seul usage. »

GRACIÁN, *L'Homme de cour*

« Les biens et les maux qui nous arrivent ne nous touchent pas selon leur grandeur, mais selon notre sensibilité. »

LA ROCHEFOUCAULD, *Maximes*

« Une fois que la vie vous a traité cruellement et vous a enlevé tout ce que vous aviez d'honneurs et de joies, vous prenant vos amis, votre santé et vos biens, on découvrira peut-être après coup, lorsque la première frayeur aura disparu, que l'on est plus riche qu'auparavant. À ce moment-là seulement vous savez ce qui vous appartient en propre ; au point qu'aucun brigand ne pourra y toucher : et c'est ainsi que l'on sort peut-être de tout ce pillage et de cette confusion avec la noblesse d'un grand propriétaire terrien. »

NIETZSCHE, *Humain, trop humain*

« L'important n'est pas ce qu'on supporte, mais la façon de le supporter. »

SÉNÈQUE, *La Vie heureuse*

« Il faut que celui qui se propose la tranquillité de l'âme ne se charge que de peu d'affaires, aussi bien à titre de particulier qu'à titre de citoyen ; il ne doit rien entreprendre qui dépasse ses forces et sa nature ; il doit se tenir sur ses gardes, afin de pouvoir négliger la fortune même quand elle lui est hostile ou qu'elle semble l'entraîner irrésistiblement ; enfin, il ne doit s'attacher qu'à ce qui ne dépasse pas ses forces ; la charge que soutiennent nos épaules doit être moins lourde que facile à porter. »

DÉMOCRITE, *Fragments*

«— Si tu fais taire ton opinion sur ce qui semble t'affliger, tu te places toi-même dans la position la plus inébranlable.

— Qui toi-même ?

— La raison.

— Mais je ne suis pas que raison.

— Soit ! Que la raison, du moins, ne se chagrine pas elle-même. Mais si quelque chose en toi vient à souffrir, qu'elle s'en fasse une opinion raisonnable. »

MARC AURÈLE, *Pensées*

« Nul ne peut te léser, si tu ne le veux point, car tu ne seras lésé que si tu juges qu'on te lèse. »

ÉPICTÈTE, *Manuel*

« Nul n'est si misérable qu'il n'ait son étoile ; et s'il est malheureux, c'est à cause qu'il ne la connaît pas. »

GRACIÁN, *L'Homme de cour*

« Tout a son endroit et son envers. La meilleure chose blesse si on la prend à contresens ; au contraire, la plus incommode accommode si elle est prise par le manche. Bien des choses ont fait de la peine, qui eussent donné du plaisir si l'on en eût connu le bon. Il y a là tout du bon et du mauvais ; l'habileté est à savoir trouver le premier. Une même chose a différentes faces, selon qu'on la regarde différemment ; et de là vient que les uns prennent plaisir à tout, et les autres à rien. Le meilleur expédient contre les revers de la fortune, et pour vivre heureux en tout temps et en tous emplois, est de regarder chaque chose en son bel endroit. »

GRACIÁN, *L'Homme de cour*

« Le bonheur et le malheur se trouvent dans l'âme. »

DÉMOCRITE, *Fragments*

## Quelques recettes du bonheur

« Comme il y a des gens qui ne s'embarrassent de rien, d'autres s'embarrassent de tout, ils parlent toujours en ministres d'État. Ils prennent tout au pied de la lettre ou au mystérieux. Des choses qui donnent du chagrin, il y en a peu dont il faille faire cas, autrement on se tourmente bien en vain. C'est faire à contresens que de prendre à cœur ce qu'il faut jeter derrière le dos. Beaucoup de choses qui étaient de quelque conséquence n'ont rien été parce que l'on ne s'en est pas mis en peine ; et d'autres qui n'étaient rien sont devenues choses d'importance, pour en avoir fait grand cas. Du commencement, il est aisé de venir à bout de tout ; après cela, non. Très souvent, le mal vient du remède même. Ce n'est donc pas la pire règle de la vie que de laisser aller les choses. »

GRACIÁN, *L'Homme de cour*

« Toutes les bonnes choses sont de forts stimulants pour la vie, et même un bon livre écrit contre la vie. »

NIETZSCHE, *Humain, trop humain*

« Celui qui, dans la vie, préfère le beau à l'utile, finira, comme l'enfant qui préfère les sucreries au pain, par s'abîmer l'estomac et par regarder le monde avec beaucoup d'humeur. »

NIETZSCHE, *Humain, trop humain*

« Savoir oublier. C'est un bonheur plutôt qu'un art. Les choses qu'il vaut mieux oublier sont celles dont on se souvient le mieux. La mémoire n'a pas seulement l'incivilité de manquer au besoin, mais encore l'impertinence de venir souvent à contretemps. Dans tout ce qui doit faire de la peine elle est prodigue ; et dans tout ce qui pourrait donner du plaisir elle est stérile. Quelquefois le remède du mal consiste à l'oublier, et l'on oublie le remède. Il faut donc accoutumer la mémoire à prendre un autre train, puisqu'il dépend d'elle de donner un paradis ou un enfer. J'excepte ceux qui vivent contents, car, en l'état de leur innocence, ils jouissent de la félicité des idiots. »

GRACIÁN, *L'Homme de cour*

« Les hommes en un même jour ouvrent leur âme à de petites joies, et se laissent dominer par de petits chagrins ; rien n'est plus inégal et moins suivi que ce qui se passe en si peu de temps dans leur cœur et dans leur esprit. Le remède à ce mal est de n'estimer les choses du monde précisément que ce qu'elles valent. »

LA BRUYÈRE, *Les Caractères*

« Quand on ne trouve pas son repos en soi-même, il est inutile de le chercher ailleurs. »

LA ROCHEFOUCAULD, *Maximes*

« Pour l'homme, la tranquillité de l'âme provient de la modération dans le plaisir et de la mesure dans le genre de vie. L'insuffisance et l'excès provoquent d'ordinaire des changements fâcheux et causent à l'âme de grands troubles. Les âmes qui se trouvent agitées par ces brusques changements perdent leur équilibre et leur tranquillité. Il faut donc appliquer son esprit à ce qui est possible et se contenter du présent, ne tenir que peu de compte de ce qu'on envie et admire, ne pas y revenir sans cesse. On doit au contraire avoir sous les yeux la vie des malheureux, songer à leurs criantes misères ; ainsi notre état présent et notre situation de fortune nous paraîtront importants et enviables et, en cessant désormais de désirer davantage, nous ne serons plus exposés à nous tourmenter l'esprit. Quiconque, en effet, admire les riches et ceux que les autres jugent heureux et dont la pensée ne les quitte à aucun moment, se voit sans cesse contraint à imaginer de nouveaux moyens et à faire de nouvelles tentatives, poussé par le désir d'agir contre les prescriptions des lois. Aussi faut-il éviter de désirer ce qui ne nous appartient pas, nous contenter de ce que nous possédons, en comparant notre vie à celle des plus misérables et nous juger heureux en songeant à ce qu'ils souffrent. De la sorte, nous nous estimerons plus heureux qu'eux et nous le serons effectivement. En adoptant cette manière de voir, on vivra plus tranquillement et pas mal de calamités nous seront épargnées : l'envie, la jalousie et la haine. »

DÉMOCRITE, *Fragments*

« On n'est jamais si malheureux qu'on croit, ni si heureux qu'on avait espéré. »

LA ROCHEFOUCAULD, *Maximes*

« Supposons un moment que les passions fassent plus de malheureux que d'heureux, je dis qu'elles seraient encore à désirer, parce que c'est la condition sans laquelle on ne peut avoir de grands plaisirs ; or ce n'est la peine de vivre que pour avoir des sensations et des sentiments agréables ; et plus les sentiments agréables sont vifs, plus on est heureux. Il est donc à désirer d'être susceptible de passions, et je le répète encore : n'en a pas qui veut. C'est à nous de les faire servir à notre bonheur, et cela dépend souvent de nous. Quiconque a su si bien économiser son état et les circonstances où la fortune l'a placé, qu'il soit parvenu à mettre son esprit et son cœur dans une assiette tranquille, qu'il soit susceptible de tous les sentiments, de toutes les sensations agréables que cet état peut comporter, est assurément un excellent philosophe, et doit bien remercier la nature. Je dis son état et les circonstances où la fortune l'a placé, parce que je crois qu'une des choses qui contribuent le plus au bonheur, c'est de se contenter de son état, et de songer plutôt à le rendre heureux qu'à en changer. »

Madame DU CHÂTELET, *Discours sur le bonheur*

« Si tu désires peu de choses, ce peu te semblera beaucoup, car des désirs peu exigeants donnent autant de force à la pauvreté qu'à la richesse. »

DÉMOCRITE, *Fragments*

« Un des grands secrets du bonheur est de modérer ses désirs et d'aimer les choses qu'on possède. La nature, dont le but est toujours notre bonheur (j'entends par nature tout ce qui est instinct et sans raisonnement), la nature, dis-je, ne nous donne des désirs que conformément à notre état ; nous ne désirons naturellement que de proche en proche [...]. C'est à notre esprit et à nos réflexions à fortifier cette sage sobriété de la nature ; on n'est heureux que par des désirs satisfaits ; il faut donc ne se permettre de désirer que les choses qu'on peut obtenir sans trop de soins et de travail, et c'est un point sur lequel nous pouvons beaucoup pour notre bonheur. Aimer ce qu'on possède, savoir en jouir, savourer les avantages de son état, ne point trop porter sa vue sur ceux qui nous paraissent plus heureux, s'appliquer à perfectionner le sien et à en tirer le meilleur parti possible, voilà ce qu'on doit appeler heureux ; et je crois faire une bonne définition en disant que le plus heureux des hommes est celui qui désire le moins le changement de son état. Pour jouir de ce bonheur, il faut guérir ou prévenir une maladie d'une autre espèce qui s'y oppose entièrement, et qui n'est que trop commune : c'est l'inquiétude. Cette disposition d'esprit s'oppose à toute jouissance, et par conséquent à toute espèce de bonheur. »

Madame DU CHÂTELET, *Discours sur le bonheur*

« Vivre heureux, [...] tout le monde le désire ; mais peu de gens savent ce qui réellement rend la vie heureuse. [...] Il faut donc chercher à connaître nos aspirations, pour examiner le chemin qui nous y conduira le plus rapidement, et nous verrons en cours de route, pour peu que nous ayons pris la bonne direction, quels progrès nous faisons et combien nous nous rapprochons du but vers lequel nous pousse une tendance naturelle. [...] Fixons donc notre but et les moyens d'y parvenir, non sans avoir choisi un homme expérimenté qui connaisse à fond le chemin où nous nous engageons [...]. Avant tout, il faut bien nous garder de suivre comme des moutons le troupeau de ceux qui nous précèdent, en nous dirigeant là où l'on doit aller, et non là où l'on est entraîné. Pourtant, rien n'occasionne de plus grands tourments que de nous référer à l'opinion publique avec l'idée que le meilleur, c'est ce qui est admis généralement, de prendre modèle sur le plus grand nombre, de vivre non dans la raison, mais dans l'imitation. De là cet amoncellement d'hommes qui s'effondrent les uns sur les autres. L'accident qui survient dans une telle cohue, quand la foule s'écrase elle-même (celui qui tombe entraîne son voisin et les premiers perdent les suivants), tu peux le voir se produire dans toute existence : personne n'erre seulement pour son propre compte, mais on est la cause et le promoteur de l'erreur d'autrui. Ainsi il est dangereux de s'attacher aux pas de ceux qui nous précèdent. [...] Nous guérirons pourvu que nous nous séparions de la masse. »

SÉNÈQUE, *La Vie heureuse*

« Un bonheur que rien n'a entamé succombe à la moindre atteinte ; mais quand on doit se battre contre les difficultés incessantes, on s'aguerrit dans l'épreuve, on résiste à n'importe quels maux, et, même si l'on trébuche, on lutte encore à genoux. »

SÉNÈQUE, *La Vie heureuse*

« Si tout excès est nuisible, le plus dangereux est l'excès de bonheur : il trouble le cerveau, entraîne l'esprit dans un monde de chimères, glisse une épaisse couche de brouillard entre la vérité et l'erreur. N'est-il pas préférable de supporter, avec l'aide de la vertu, de constantes infortunes, plutôt que de céder sous le poids d'un bonheur immodéré ? On meurt doucement d'inanition, on crève d'indigestion. »

SÉNÈQUE, *La Vie heureuse*

« Tu trouveras, dans n'importe quelle situation, des divertissements, des délassements et des plaisirs, si tu t'appliques à juger tes maux légers plutôt que de te les rendre intolérables. »

SÉNÈQUE, *La Vie heureuse*

« Quand je m'y suis mis quelquefois à considérer les diverses agitations des hommes et les périls et les peines où ils s'exposent [...] d'où naissent tant de querelles, de passions, d'entreprises hardies et souvent mauvaises, etc., j'ai découvert que tout le malheur des hommes vient d'une seule chose, qui est de ne savoir pas demeurer en repos, dans une chambre. Un homme qui a assez de bien pour vivre, s'il savait demeurer chez soi avec plaisir, n'en sortirait pas. »

PASCAL, *Pensées*

« Aucun sort n'est si pénible qu'une âme raisonnable n'y trouve quelque sujet de réconfort. [...] Pour surmonter les obstacles, fais appel à la raison : tu verras ce qui résistait s'adoucir, s'élargir ce qui était étroit, et les fardeaux s'alléger aux épaules qui sauront les porter. »

SÉNÈQUE, *La Vie heureuse*

« Pour parvenir à la sérénité, il sera bon, face aux événements contraires, de ne pas perdre de vue ce qu'ils peuvent comporter pour nous de plaisant et d'agréable : tempérons le mauvais par le bon afin qu'en tout le bon l'emporte. »

PLUTARQUE, *La Conscience tranquille*

« L'homme est visiblement fait pour penser ; c'est toute sa dignité et tout son métier ; et tout son devoir est de penser comme il faut. Or, l'ordre de la pensée est de commencer par soi, et par son auteur et sa fin. Or, à quoi pense le monde ? Jamais à cela ; mais à danser, à jouer du luth, à chanter, à faire des vers, à courir la bague, etc., à se battre, à se faire roi, sans penser à ce que c'est qu'être roi, et qu'être homme. »

PASCAL, *Pensées*

« La moindre contrariété, qu'elle provienne des hommes ou des choses, si nous nous occupons constamment à la ruminer et à nous la dépeindre sous des couleurs voyantes et à une échelle grossie, peut grandir jusqu'à devenir un monstre qui nous mette hors de nous. Il faut, au contraire, prendre très prosaïquement et très froidement tout ce qui est désagréable, afin de s'en tourmenter le moins possible. »

SCHOPENHAUER, *Aphorismes sur la sagesse dans la vie*

# SECONDE PARTIE

# Être tranquille en société

# 1

# Trouver l'âme sœur et l'aimer en paix

*Nous rêvons tous de rencontrer notre moitié, notre double, cet obscur objet de notre désir, en bref, cet être unique auquel on consacrerait son cœur et sa vie entière. Et pour ce qui le concerne, il ne semble pas très juste de parler de tranquillité, car c'est souvent plutôt de passion qu'il s'agit. Il existe toutefois des moyens de vivre sereinement une relation enflammée et dévorante ou encore d'avoir la rassurante certitude que nous croiserons un jour l'Amour. Seulement voilà, on ne le trouve pas à tous les coins de rue. Ovide, dans son ouvrage intitulé* L'Art d'aimer, *transmet aux lecteurs ses recettes de séduction : on y trouve quelques conseils sur les lieux à fréquenter pour mettre un maximum de chances de notre côté, d'y dénicher l'âme sœur puis, une fois rencontrée et reconnue comme telle, sur la façon de se comporter avec elle, pour la conserver le plus longtemps possible. Stendhal nous offre ensuite le fruit de son expérience et explique en mots clairs le langage et les codes de l'amour. Il indique même, dans une brillante citation, le moyen de protéger notre amour de la jalousie d'autrui. Il ne s'agit pas, ici, de perdre toute spontanéité en matière de séduction, et d'approcher l'être aimé en appliquant des recettes toutes faites, mais seulement de reconnaître que nous sommes souvent déroutés et désemparés face à l'objet de notre amour. Grâce aux maximes de nos ancêtres, nous pouvons désormais jouir de cette énigme qui prend des allures de tourbillon évanescent dans notre vie paisible et sereine.*

## Quelques conseils pour trouver l'âme sœur

« Avant tout, soucie-toi de trouver l'objet de ton amour. [...] Consacre tes efforts ensuite à émouvoir la jeune fille qui t'a plu, et, en troisième lieu, à faire durer cet amour. Voilà nos limites. »

OVIDE, *L'Art d'aimer*

« C'est surtout dans les théâtres et sur leurs gradins en demi-cercle que tu chercheras cet amour : ces lieux t'offriront plus que tu ne peux désirer. Là, tu trouveras de quoi aimer, de quoi badiner, de quoi te distraire par une conquête passagère, de quoi tisser les liens d'une relation durable. Comme on voit, très nombreuses, les fourmis aller et venir en longue colonne, transportant dans leurs mandibules le grain dont elles se nourrissent, ou comme les abeilles, lorsqu'elles ont trouvé les régions boisées qu'elles affectionnent et leurs pâturages odoriférants, butinent les fleurs et le thym, ainsi les femmes, élégamment apprêtées, se pressent aux jeux où va la foule; elles sont si nombreuses que mon choix est parfois difficile. C'est pour voir qu'elles viennent, mais surtout pour être vues. [...] N'oublie pas non plus les courses où rivalisent des chevaux fougueux. Le cirque aussi, avec son public nombreux, offre de multiples occasions. »

OVIDE, *L'Art d'aimer*

« Assieds-toi près de celle qui te plaît, tout près, nul ne t'en empêche; approche ton corps le plus possible du sien; heureusement l'exiguïté des places pousse les gens, bon gré mal gré, à se serrer, et les dispositions du lieu obligent la belle à se laisser effleurer. Engage alors une conversation pour faire connaissance, et que tes premières paroles soient des banalités. À qui appartiennent ces chevaux qui viennent par ici ? demanderas-tu avec empressement, et, immédiatement, son cheval favori, quel qu'il soit, deviendra le tien. [...]

Si, comme il advient parfois, de la poussière macule la poitrine de ta belle, que tes doigts l'enlèvent ; s'il n'y a pas de poussière, enlève tout de même celle qui n'y est pas : tout doit servir de prétexte à tes soins discrets. Et si son manteau, trop long, traîne sur le sol ? Soulève-le du sol malpropre avec empressement. Aussitôt, première récompense de ce prompt réflexe, et sans que ta belle en prenne ombrage, tes yeux verront des jambes qui en valent la peine.

Prends garde à tous ceux qui seront assis derrière vous : fais en sorte que leur genou ne s'appuie pas trop fort contre son dos délicat. »

OVIDE, *L'Art d'aimer*.

« La table est également l'occasion de rencontres, et le bon vin n'est pas la seule chose à y chercher. [...] C'est souvent là que le cœur des jeunes hommes a été captivé par des belles. [...] Mais méfie-toi de la clarté de la lampe : pour juger de la beauté, l'obscurité et le vin sont mauvais conseillers. [...] La nuit dissimule les défauts et est indulgente à toutes les imperfections ; à ces heures-là, toute femme semble belle. Attends le jour pour juger des pierres précieuses ou de la laine teinte en pourpre ; prends-le comme conseiller pour apprécier les traits du visage et la silhouette. »

OVIDE, *L'Art d'aimer*

## Les stratagèmes de l'amour, selon Ovide

### *Avoir confiance en soi*

« Sois bien convaincu que toutes les femmes peuvent être prises : tu les prendras. Tends seulement tes filets. [...] Même la plus inaccessible se rendra à ton charme. [...] Donc, va ; espère triompher de toutes les femmes ; sur mille femmes, à peine une seule te résistera. Qu'elles cèdent ou qu'elles résistent, elles aiment toujours qu'on leur fasse la cour ; même si tu es repoussé, l'échec est pour toi sans danger. »

***Ruser***

« Promets, promets, cela ne coûte rien ; en promesses, tout le monde peut être riche. L'espérance dure longtemps tant qu'on y croit : c'est une déesse trompeuse, mais bien utile. Si tu as fait quelque présent, tu seras peut-être éconduit par tactique : on aura profité des bienfaits passés sans avoir rien perdu. Mais le cadeau que tu n'as pas encore fait, elle peut toujours espérer que tu vas le faire. [...] Le travail le plus délicat est d'obtenir ses premières faveurs sans avoir offert de cadeau : ce n'est pas par pure bienveillance qu'elle se manifestera, car dans cette attente, la belle accordera plus encore. Qu'elle parte donc, cette première lettre, où les mots les plus doux se sont inscrits dans la cire, qu'elle sonde les cœurs et ouvre la route. [...] Supposons que ta belle ait lu ta lettre et ne veuille pas répondre : n'insiste pas. Fais seulement en sorte qu'elle lise jusqu'au bout tes phrases tendres. Après les avoir lues, elle voudra y répondre : tout ce que tu désires viendra en temps et en ordre. Peut-être recevras-tu d'abord une lettre peu engageante, où elle exigera que tu cesses tes avances : mais sache que ce qu'elle te demande, elle craint de l'obtenir ; ce qu'elle ne demande pas, elle le souhaite, il te faut être plus pressant ; poursuis et bientôt tu verras tes vœux se réaliser. »

***Ne pas trop en faire***

« Il ne sert à rien de friser tes cheveux au petit fer, ni d'user tes jambes par le frottement de la pierre ponce. [...] C'est par la simple élégance que les hommes doivent séduire : que leur toge soit propre et bien coupée. Que ta chaussure soit bien correctement lacée ; que les agrafes ne soient pas rouillées. Que ton pied ne flotte pas dans un soulier trop large; qu'une coupe mal faite n'enlaidisse pas et ne hérisse pas ta chevelure; que tes cheveux, que ta barbe, soient taillés par une main experte, que tes ongles soient bien coupés et polis, qu'aucun poil ne sorte de tes narines; qu'une bouche malodorante n'exhale pas une haleine fétide, et que l'odeur du mâle, père du troupeau, ne heurte pas l'odorat. Tout le reste, laisse-le soit aux jeunes filles lascives ou aux hommes qui, contre nature, cherchent l'amour d'un homme. »

« Je ne te recommande pas de faire à ton amie de trop beaux présents : qu'ils soient modestes, mais habilement choisis et offerts. [...] Tu peux envoyer une grive ou une couronne de fleurs, pour lui montrer combien tu penses à elle. [...] Dois-je te conseiller de lui envoyer aussi des vers d'amour ? Hélas ! la poésie n'est guère estimée. On fait l'éloge des vers, mais ce sont de grands présents qu'on attend : même le rustre plaît, pourvu qu'il soit riche. [...] Il y a tout de même des femmes cultivées, mais elles sont peu nombreuses; la grande majorité n'est pas cultivée, mais veut en donner l'apparence. Fais, dans tes vers, l'éloge des unes et des autres; et tes vers, bons ou mauvais, doivent être mis en valeur par la manière dont ils sont lus. Aux unes et aux autres, des vers en leur honneur, composés durant une nuit d'insomnie, seront considérés comme un aimable présent. »

***Oser***

« Quel est l'homme expérimenté qui ne mêlerait à ses baisers des paroles d'amour ? Même si elle ne les rend pas, prends-les sans qu'elle les rende. D'abord, elle résistera peut-être et te traitera d'"insolent" ; tout en résistant, elle espérera sa défaite. Mais ne sois pas brusque avec des baisers maladroits sur ses lèvres délicates, et garde-toi bien qu'elle puisse se plaindre de ta rudesse. »

« Parce qu'elle est pudique, la femme ne peut provoquer certaines caresses, mais il lui est agréable de les recevoir quand l'homme en prend l'initiative. Oui ! Il compte trop sur ses avantages physiques celui qui attend que la femme commence à faire les avances. C'est à l'homme de commencer, à l'homme de dire les mots de la séduction, à elle de bien accueillir les prières d'amour. Veux-tu la prendre ? Demande. Elle n'attend que cela. Explique la cause et l'origine de ton amour. [...] Mais, attention, si tes prières se heurtent à la froideur d'un orgueil méprisant, n'insiste pas et bats en retraite ! Combien désirent ce qui leur échappe, détestent ce qui est à leur portée ! Sois moins pressant, et tu ne seras plus repoussé. Et l'espoir d'arriver à tes fins ne doit pas toujours se sentir dans tes demandes ; pour faire admettre ton amour, masque-le sous le voile de l'amitié. »

### *S'adapter*

« À chaque âge conviendra une stratégie différente : une vieille biche découvrira le piège de plus loin ; si tu te montres trop instruit auprès d'une débutante, trop entreprenant auprès d'une timide, elle se défiera aussitôt et se méfiera de toi. C'est ainsi que, parfois, la femme qui a redouté de se livrer à un homme honnête se laisse honteusement tomber dans les bras de quelqu'un qui n'en vaut pas la peine. »

### *Se cultiver*

« Pour être aimé, sois aimable, ce pour quoi la beauté des traits ou du corps ne pourra suffire. [...] Si tu veux conserver ton amie et n'avoir jamais le désagrément d'être abandonné par elle, ajoute aux avantages du corps les dons de l'esprit. La beauté est un bien fragile : tout ce qui s'ajoute aux années la diminue ; elle se flétrit par sa durée même. [...] Forme-toi maintenant l'esprit, un bien plus durable, qui sera l'appui de ta beauté : il subsistera lui seul jusqu'à la mort. Et ne va pas considérer comme un soin futile de cultiver ton intelligence. »

### *Être charmant*

« Ce qui séduit surtout les cœurs, c'est une adroite condescendance : la rudesse provoque la haine et les guerres cruelles. [...] L'amie, elle, doit toujours entendre les mots qu'elle souhaite. Ce n'est pas un ordre de la loi qui vous a contraints à vous retrouver dans un même lit ; votre loi, à vous, c'est l'amour. Présente-toi avec de tendres caresses et des mots doux pour l'oreille, afin que ton amie se réjouisse de ta venue. »

### *Persévérer*

« Si ton amour reçoit un accueil peu caressant et très réservé, supporte-le et tiens bon, car bientôt elle s'adoucira. [...] Si ton amie te contredit, cède ; c'est en cédant que tu sortiras vainqueur de la lutte. Joue donc le rôle qu'elle t'imposera. Si elle blâme, blâme à ton tour ; tout ce qu'elle approuve, approuve-le ; ce qu'elle dira, dis-le ; ce qu'elle niera, nie-le. Quand elle rit, ris avec elle ; si elle pleure, fais couler tes larmes. Que l'expression de ton visage imite la sienne. Elle a envie de jouer, sa main agite les dés d'ivoire ; toi, agite-les maladroitement et, après les avoir lancés maladroitement, laisse-la jouer. [...] Tiens son ombrelle déployée ; fends la foule quand elle la traverse ; dépêche-toi d'approcher l'escabeau d'un lit rebondi ; ôte ou mets les sandales à son pied délicat. Souvent aussi, bien que frissonnant toi-même de froid, tu devras réchauffer dans ton sein les mains gelées de ton amie. [...]

"Trouve-toi à tel endroit", t'a-t-elle dit. Cours-y, toutes affaires cessantes, et ne laisse aucun obstacle te retarder. [...] Elle est à la campagne et te dit : "Viens." L'amour hait tout retard : si tu n'as pas de voiture, fais la route à pied. Rien ne doit t'arrêter, ni la tempête, ni la canicule, ni la neige qui a recouvert le chemin. […] Ta maîtresse sera transportée de joie et saura tous les risques que tu as courus pour elle : ce sera le gage assuré de ton amour. »

### *Rester sur ses gardes*

« Je n'entends pas être le censeur qui vous condamne à n'avoir qu'une amie. Aux dieux ne plaise ! C'est à peine si une femme mariée peut s'astreindre à cette conduite. Amusez-vous, mais restez prudents ; que votre faute soit secrète et éphémère ; il ne faut tirer aucune vanité de votre action coupable. Et ne fais pas de cadeau qui te trahisse devant ta femme ; n'adopte pas d'heure fixe pour ton infidélité, et si tu ne veux pas qu'une amie te surprenne dans un repaire qu'elle connaît, multiplie les lieux de tes coupables rencontres. […] Si tes actes, quoique bien cachés, sont tout de même découverts, nie, nie-les sans faillir. Ne sois ni soumis ni plus caressant qu'à l'ordinaire ; ce sont là les preuves d'un cœur coupable. Mais n'épargne pas tes reins ; la paix est à ce seul prix : c'est au lit que tu prouveras que tu n'as pas auparavant goûté les plaisirs de Vénus. »

« Toi, à qui tout à l'heure je conseillais de cacher tes fautes, je t'engage à changer de tactique et à avouer tes infidélités. Ne va pas m'accuser d'inconséquence ! […] Il y a des femmes auprès desquelles une obéissance craintive va contre le but, et dont l'amour s'éteint, faute d'une rivale. […]

Quand le cœur s'abîme dans l'indolente torpeur de la sécurité, il faut employer des aiguillons pénétrants pour réveiller l'amour. Arrange-toi pour que ton amie puisse avoir quelque inquiétude à ton sujet ; réveille l'ardeur de son cœur assoupi ; qu'elle pâlisse en apprenant ton infidélité. »

OVIDE, *L'Art d'aimer*

## Perpétuer les sentiments de l'être aimé

« La femme soupçonnée d'inconstance [...] vous quitte parce que [...] vous avez peut-être dans son cœur l'appui de l'habitude. Elle vous quitte parce qu'elle est trop sûre de vous. Vous avez tué la crainte, et les petits doutes de l'amour heureux ne peuvent plus naître ; inquiétez-la, et surtout gardez-vous de l'absurdité des protestations.

Dans le long temps que vous avez vécu auprès d'elle, vous aurez sans doute découvert quelle est la femme de la ville ou de la société qu'elle jalouse et qu'elle craint le plus. Faites la cour à cette femme, mais, bien loin d'afficher votre cour, cherchez à la cacher, et cherchez-le de bonne foi ; fiez-vous-en aux yeux de la haine pour tout voir et tout sentir. Le profond éloignement que vous éprouverez pendant plusieurs mois pour toutes les femmes doit vous rendre ceci facile. Rappelez-vous que, dans la position où vous êtes, on gâte tout par l'apparence de la passion : voyez peu la femme aimée, et buvez du champagne en bonne compagnie. »

STENDHAL, *De l'amour*

## Les plaisirs du corps

« Pratique des choses de l'amour.

Une fois découvert l'endroit que la femme aime à sentir caressé, la pudeur ne doit pas t'empêcher de le toucher. Tu verras les yeux de ton amie briller d'un éclat fébrile, comme il arrive souvent aux rayons du soleil reflétés par une eau transparente. Puis viendront des plaintes, un tendre murmure et de doux gémissements et les paroles propres à l'amour. Mais ne va pas, déployant plus de voiles [que ton amie], la laisser en arrière, ou permets-lui de te devancer dans ta marche. Atteignez le but suprême de l'amour en même temps ; c'est le comble de la volupté, lorsque, vaincus tous deux, femme et homme demeurent étendus sans plus de force. »

OVIDE, *L'Art d'aimer*

**Réflexions générales sur l'amour**

« Aimer, c'est avoir du plaisir à voir, toucher, sentir par tous les sens, et d'aussi près que possible un objet aimable et qui nous aime. »

STENDHAL, *De l'amour*

« Il est difficile de définir l'amour. Ce qu'on en peut dire est que dans l'âme c'est une passion de régner, dans les esprits c'est une sympathie, et dans le corps ce n'est qu'une envie cachée et délicate de posséder ce que l'on aime après beaucoup de mystères. »

LA ROCHEFOUCAULD, *Maximes*

« L'amour aussi bien que le feu ne peut subsister sans un mouvement continuel ; et il cesse de vivre dès qu'il cesse d'espérer ou de craindre. »

LA ROCHEFOUCAULD, *Maximes*

« Il y a des gens qui n'auraient jamais été amoureux s'ils n'avaient jamais entendu parler de l'amour. »

LA ROCHEFOUCAULD, *Maximes*

« Le regard est la grande arme de la coquetterie vertueuse. On peut tout dire avec un regard, et cependant on peut toujours nier un regard, car il ne peut pas être répété textuellement. »

STENDHAL, *De l'amour*

« Toujours un petit doute à calmer, voilà ce qui fait la soif de tous les instants, voilà ce qui fait la vie de l'amour heureux. Comme la crainte ne l'abandonne jamais, ses plaisirs ne peuvent jamais ennuyer. Le caractère de ce bonheur, c'est l'extrême sérieux. »

STENDHAL, *De l'amour*

« Il n'y a pas au monde d'insolence plus vite punie que celle qui vous fait confier à un ami intime un amour-passion. Il sait, si ce que vous dites est vrai, que vous avez des plaisirs mille fois au-dessus des siens, et qui vous font mépriser les siens. C'est bien pis encore entre femmes, la fortune de leur vie étant d'inspirer une passion et, d'ordinaire, la confidente aussi ayant exposé son amabilité aux regards de l'amant.

D'un autre côté, pour l'être dévoré de cette fièvre, il n'est pas au monde de besoin moral plus impérieux que celui d'un ami devant qui l'on puisse raisonner sur les doutes affreux qui s'emparent de l'âme à chaque instant. »

STENDHAL, *De l'amour*

« Être avec des gens qu'on aime, cela suffit ; rêver, leur parler, ne leur parler point, penser à eux, penser à des choses plus indifférentes, mais auprès d'eux, tout est égal. »

LA BRUYÈRE, *Les Caractères*

« Qu'est-ce donc que l'amour, si ce n'est de se comprendre et de se réjouir en voyant quelqu'un d'autre vivre, agir et sentir différemment de nous, parfois même à l'opposé ? Pour que l'amour unisse les différences dans la joie, il ne faut pas qu'il les supprime et les ignore. »

NIETZSCHE, *Humain, trop humain*

« D'où peuvent bien naître les passions soudaines d'un homme pour une femme, les passions profondes et intimes ? Elles sont uniquement dues à la sensualité ; mais, lorsque l'homme trouve à la fois, dans un être, faiblesse, dénuement et pétulance, il se passe quelque chose en lui comme si son âme voulait déborder : il se sent au même moment touché et offensé. C'est précisément de ce point névralgique que jaillit le grand amour. »

NIETZSCHE, *Humain, trop humain*

# 2

# Comment supporter une séparation amoureuse

*Combien de larmes les hommes et les femmes ont-ils versées sur un amour disparu, éteint, ou injustement trompé ? Combien de crimes ont-ils été commis au nom de la passion ? Combien d'entre nous peuvent-ils prétendre ne jamais avoir souffert d'un chagrin d'amour ? Depuis que l'être humain vit en société et qu'il a naturellement commencé à aimer, il a aussitôt découvert la douleur que cause la perte de l'être aimé. Quelles qu'en soient les circonstances, la rupture ou l'évanouissement d'un amour sont toujours extrêmement douloureux, et la souffrance d'une séparation est proportionnelle à la force des sentiments éprouvés pendant la relation amoureuse. Il ne s'agit donc pas ici de mettre un terme à une histoire d'un jour, ou même à un « amour de vacances », mais d'aider à supporter la fin d'un amour sincère et profond, d'un amour dans lequel on a investi sa personne et sa vie. Ovide, spécialiste de l'art d'aimer, a prévu cela aussi. Dans son ouvrage, il a consacré une partie aux « remèdes à l'amour ». Et il commence ainsi : « Si tel amant brûle heureusement pour un être répondant à son amour, qu'il en profite et que l'heureux garçon navigue à son vent ; mais si quelqu'un souffre sous les lois d'une indigne maîtresse, qu'il ressente donc, avant d'être acculé au pire, les bienfaits de notre art.» S'ensuit une série de conseils et d'adages visant à atténuer autant qu'il est possible la souffrance de l'homme seul, face à ses souvenirs d'amoureux. Pragmatiques et précis, ils aideront probablement celui qui souffre à se protéger d'un excès de malheur. Mais il ne faut point attendre de ces procédés une immédiate guérison. D'ailleurs, comme le fait remarquer La Rochefoucauld : « Il y a plusieurs remèdes qui guérissent de l'amour, mais il n'y en a point d'infaillibles. »*

*À chacun d'apprécier la justesse et la qualité des conseils qui suivent, et d'apprendre à les appliquer à propos.*

« La meilleure façon de recouvrer la liberté, c'est de rompre les chaînes qui blessent le cœur et de mettre un terme à son tourment. J'admirerai celui qui aura cette force, et même je dirai : "Il n'a pas besoin de mes avis." C'est à toi, qui souffres de la perte de cet amour, à toi qui ne peux t'y résoudre et le voudrais pourtant, c'est à toi que s'adressent mes conseils. Souviens-toi souvent des actes de ta coupable amie et remémore-toi tout le mal qu'elle t'a fait. Elle a tel et tel objet, et, non contente de m'en dépouiller, elle m'a forcé, par son avidité, à mettre en vente ma maison. Elle m'a fait un serment qu'elle a violé plus tard. Combien de fois m'a-t-elle laissé coucher devant sa porte ! Elle offre ses faveurs à d'autres et fait fi de mon amour ! Hélas ! un courtier possède les nuits qu'elle me refuse. Que ces souvenirs aigrissent contre elle tous tes sentiments ; rappelle-les-toi, trouves-y des germes de haine. »

OVIDE, Remèdes à l'amour

### *Partir*

« Malgré la force des chaînes qui te retiennent, va-t'en loin et entreprends de longs voyages. Tu pleureras ; de ta bouche s'échappera le nom de l'amie que tu quittes et souvent ton pied s'arrêtera au milieu du chemin. Mais moins tu voudras partir, plus tu devras penser à partir. Continue et force tes pieds à courir malgré eux. [...] Ne demande pas combien il y a de kilomètres derrière toi, mais plutôt combien il t'en reste à parcourir, et n'invente pas d'excuses pour rester dans le voisinage. Ne compte pas les jours [...] mais fuis. [...]

Puis, mille soulagements à ta peine seront fournis par la campagne, par tes compagnons de voyage et par la longueur de la route. Mais il ne suffit pas de s'éloigner. Que ton absence soit longue, et dure jusqu'à ce que la cendre perde ses forces et ne renferme plus de braise. Si tu reviens trop tôt, avant que ton âme soit bien raffermie, l'Amour, rebelle, tournera contre toi ses flèches cruelles. Peu importera alors la durée de ton absence, tu reviendras ardent, plein de désirs et tout le temps de ta fuite aura coulé pour ton mal. »

OVIDE, *Remèdes à l'amour*

### *Discréditer*

« Considère autant que possible, les qualités de ta maîtresse leur mauvais jour, et grâce à la limite étroite qui les distingue des défauts, trompe ton jugement. Appelle-la bouffie, si elle est ronde et noire, si elle est brune. À une mince, on peut reprocher la maigreur ; l'on pourra traiter d'insolente celle qui n'est pas prude et de prude celle qui est honnête. »

OVIDE, *Remèdes à l'amour*

### *Anticiper*

« Je vous recommande d'avoir deux maîtresses à la fois ; on est plus fort contre l'amour, si l'on en a plus encore. Quand le cœur se partage et va et vient entre deux femmes, l'amour pour l'une atténue l'amour pour l'autre. Les plus grands fleuves rétrécissent lorsqu'on divise leurs eaux entre de nombreux ruisseaux et, quand on écarte les bûches, la flamme, privée de braise, périt. [...] Celui qui, par avance, s'est ménagé une double consolation, celui-là, depuis longtemps, s'est assuré sa place de vainqueur au sommet de la citadelle. Mais toi, puisque, pour ton malheur, tu t'es livré à une seule maîtresse, maintenant, il te faut chercher un nouvel amour. »

OVIDE, *Remèdes à l'amour*

***Fuir la solitude***

« À tous les amoureux, la solitude est dangereuse ; évitez-la donc. Où fuis-tu ? Au milieu de la foule tu seras plus en sécurité. Nul besoin pour toi de retraite isolée (l'isolement aggrave les fureurs de l'amour) ; la compagnie des hommes t'apportera un soulagement. Tu seras triste, si tu es seul, et tu ne cesseras de voir en imagination ta maîtresse abandonnée ; ce sera comme si elle était là. C'est pourquoi la nuit est plus triste que le jour ; pour te distraire de tes peines à ce moment-là, tu n'as pas tes amis à tes côtés. Ne fuis pas les rencontres ; ne ferme pas ta porte et ne cache pas dans les ténèbres tes yeux remplis de larmes. »

OVIDE, *Remèdes à l'amour*

***Rester calme***

« Il vaut mieux de se séparer en paix décemment que de passer d'un lit, aux conflits d'un procès. Les présents que tu avais faits, laisse-les sans contestations ; généralement un léger sacrifice offre à celui qui le fait un gain plus important. »

OVIDE, *Remèdes à l'amour*

### *Ne pas ressasser le passé*

« Surtout, ne relis pas les lettres d'amour que tu as conservées de ta maîtresse : des âmes endurcies sont ébranlées en relisant de telles missives. Jette tout impitoyablement au feu, malgré les efforts qu'il t'en coûte, et dis : "Que ce soit ici le bûcher qui ensevelira mon amour !" [...] Les lieux aussi sont souvent nuisibles. Fuis ceux qui rappellent le souvenir de vos unions ; ils te causeraient du chagrin. "Elle a été ici ; elle a couché ici. Dans ce lit nous avons dormi. C'est ici qu'elle me combla de bonheur dans une nuit d'amour." Ces images du passé réveillent l'amour ; la blessure douloureuse se rouvre ; aux malades, la moindre imprudence est dangereuse. ».

OVIDE, *Remèdes à l'amour*

### *Ne pas se décourager*

« Fassent les dieux que tu puisses passer devant la maison de ta maîtresse abandonnée sans que tes pieds te trahissent dans ton projet. Et tu le pourras ; aie seulement la force de le vouloir. »

OVIDE, *Remèdes à l'amour*

### *Bien choisir ses aliments*

« Pour remplir tous mes devoirs de médecin je vais aller jusqu'à t'indiquer les aliments à éviter et à choisir. [...] L'oignon est mauvais pour toi. Tout comme il faut se passer de roquette, cet aphrodisiaque, ainsi que tout ce qui invite nos sens aux plaisirs de l'amour. [...] Le vin dispose notre âme à l'amour ; sauf si l'on en prend beaucoup et que nos sens sont noyés et engourdis par d'abondantes libations. [...] Pas d'ivresse, ou une ivresse qui puisse emporter tous tes soucis amoureux ; un état intermédiaire est mauvais. »

OVIDE, *Remèdes à l'amour*

*Guérir*

« Quand on a le cœur encore agité des restes d'une passion, on est plus près d'en prendre une nouvelle que quand on est entièrement guéri. »

LA ROCHEFOUCAULD, *Maximes*

« Ceux qui ont eu de grandes passions se trouvent toute leur vie heureux, et malheureux, d'en être guéris. »

LA ROCHEFOUCAULD, *Maximes*

« Il est plus facile de prendre l'amour quand on n'en a pas, que de s'en défaire quand on en a. »

LA ROCHEFOUCAULD, *Maximes*

« Rien ne dégrade tant que les démarches qu'on fait pour regagner un cœur froid ou inconstant : cela nous avilit aux yeux de celui que nous cherchons à conserver, et à ceux des hommes qui pourraient penser à nous ; mais ce qui est bien pis, cela nous rend malheureux et nous tourmente inutilement. Il faut donc suivre avec un courage inébranlable, et ne jamais céder sur cela à notre propre cœur ; il faut tâcher de connaître le caractère de la personne à qui on s'attache, avant de céder à son goût ; il faut que la raison soit reçue dans le conseil, non cette raison qui condamne toute espèce d'engagement comme contraire au bonheur, mais celle qui, en convenant qu'on ne peut être fort heureux sans aimer, veut qu'on n'aime que pour son bonheur, et qu'on surmonte un goût dans lequel on voit évidemment qu'on n'essuierait que des malheurs ; mais quand le goût a été le plus fort, quand il l'a emporté sur la raison, comme cela n'arrive que trop, il ne faut point se piquer d'une constance qui serait aussi ridicule que déplacée. C'est bien le cas de pratiquer le proverbe, les plus courtes folies sont les meilleures ; ce sont surtout les plus courts malheurs : car il y a des folies qui rendraient fort heureux, si elles duraient toute la vie ; il ne faut point rougir de s'être trompé ; il faut se guérir, quoi qu'il en coûte, et surtout éviter la présence d'un objet qui ne peut que vous agiter, et vous faire perdre le fruit de vos réflexions : car chez les hommes la coquetterie survit à l'amour; ils ne veulent perdre ni leur conquête ni leur victoire, et par mille coquetteries ils savent rallumer un feu mal éteint, et vous tenir dans un état d'incertitude aussi ridicule qu'insupportable. Il faut trancher dans le vif, rompre sans retour. »

Madame DU CHÂTELET, *Discours sur le bonheur*

« Vouloir oublier quelqu'un, c'est y penser. L'amour a cela de commun avec les scrupules, qu'il s'aigrit par les réflexions et les retours que l'on fait pour s'en délivrer. Il faut, s'il se peut, ne point songer à sa passion pour l'affaiblir. »

LA BRUYÈRE, *Les Caractères*

« Regretter ce que l'on aime est un bien, en comparaison de vivre avec ce que l'on hait. »

LA BRUYÈRE, *Les Caractères*

# 3

# Conseils aux femmes pour séduire tranquille

*Considérées traditionnellement comme des créatures devant sacrifier leur intelligence à leur beauté, les femmes ont toujours consacré leur ingéniosité à rechercher des procédés efficaces pour se faire belles. Bijoux, étoffes luxueuses, chignons, perruques, vernis à ongles, rouge à lèvres, fard à paupières, fond de teint, mascara et aujourd'hui lifting ou liposuccion… les femmes ne manquent pas de moyens pour mettre en valeur leurs charmes et masquer leurs défauts physiques. Si elles revendiquent, de nos jours et depuis l'apogée du féminisme, leur droit à l'égalité face au sexe masculin, les femmes n'ont pas pour autant abandonné leurs préoccupations esthétiques, qui sont au centre de leurs relations avec les hommes. Quelle femme, en effet, pourrait nier qu'un rendez-vous galant nécessite une longue et minutieuse préparation de sa personne ? Mais la beauté ne fait pas tout dans le processus de séduction. Certains stratagèmes sont également à employer si l'on veut conserver durablement un amant à son côté. Ainsi Ovide, La Bruyère et Madame du Châtelet soufflent quelques précieux secrets à l'oreille des femmes qui souhaitent maîtriser les fluctuations intempestives de l'humeur de leur compagnon. Certaines mises en garde sont cependant à prendre au second degré, notamment les remarques misogynes d'Ovide. Mais elles sont si drôles… À appliquer parcimonieusement.*

**Mise en beauté**

« C'est l'élégance simple qui nous charme. Que votre coiffure soit en ordre. [...] Il est plusieurs manières de placer vos cheveux. Chaque femme doit choisir celle qui la met le mieux en valeur et, avant tout, consulter son miroir. Un visage allongé exige des cheveux séparés sur le front et sans aucun artifice. [...] Les relever en un petit chignon au-dessus du front, de manière à dégager les oreilles, voilà ce qui convient à une figure ronde. [...] Des cheveux volumineux et lâchés conviennent à l'une, l'autre les devra rassembler en crans et en boucles. [...] Une coiffure négligée va également à plus d'une, et l'on pourrait croire qu'elle est coiffée de la veille et vient à peine de s'arranger. L'art ne fait qu'imiter le hasard. [...] Combien la nature dispense de bienfaits à vos charmes, puisque vous avez mille ruses pour en réparer les outrages ! Nous [hommes], nous nous déplumons fâcheusement et nos cheveux, emportés par l'âge, tombent comme des feuilles mortes secouées par le vent. »

OVIDE, *Conseils aux femmes*

« J'ai été sur le point de vous avertir que la forte odeur du bouc ne devait pas se dégager de vos aisselles et que vos jambes ne devaient pas être recouvertes de poils rudes. [...] Ce serait comme vous conseiller de veiller à ne pas laisser, par négligence, noircir vos dents et de vous nettoyer, chaque matin, le visage à votre table de toilette. Vous excellez également à vous doter d'un teint blanc en appliquant du fard ; celle dont le sang ne fait pas rougir naturellement la peau, la rougit artificiellement. [...] Mais que jamais votre amant ne vous surprenne, vos artifices étalés sur la table : l'art n'embellit la figure que s'il est invisible. [...] Cependant, vous pouvez faire peigner vos cheveux en leur présence, pour qu'ils les voient flotter sur vos épaules. Mais, surtout, évitez alors toute mauvaise humeur et n'exigez pas qu'à plusieurs reprises on vous recoiffe et vous décoiffe. Que la coiffeuse n'ait rien à redouter de vous : je hais les femmes qui lui déchirent la figure avec leurs ongles ou qui se saisissent d'une épingle à cheveux pour la lui planter dans le bras. »

OVIDE, *Conseils aux femmes*

« Si les femmes veulent seulement être belles à leurs propres yeux et se plaire à elles-mêmes, elles peuvent sans doute, dans la manière de s'embellir, dans le choix des ajustements et de la parure, suivre leur goût et leur caprice ; mais si c'est aux hommes qu'elles désirent de plaire, si c'est pour eux qu'elles se fardent ou qu'elles s'enluminent, j'ai recueilli les voix et je leur prononce de la part de tous les hommes ou de la plus grande partie que le blanc et le rouge les rendent affreuses et dégoûtantes ; que le rouge seul les vieillit et les déguise ; [...] qu'ils protestent sérieusement contre tout l'artifice dont elles usent pour se rendre laides. [...] Si les femmes étaient telles naturellement qu'elles le deviennent par un artifice, qu'elles perdissent en un moment toute la fraîcheur de leur teint, qu'elles eussent le visage aussi allumé et aussi plombé qu'elles se le font par le rouge et par la peinture dont elles se fardent, elles seraient inconsolables. »

LA BRUYÈRE, *Les Caractères*

« Il est rare qu'une figure soit parfaite : cachez ces défauts et dissimulez, autant que possible, vos imperfections physiques. Si tu es petite, assieds-toi, de peur que, debout, on pense que tu es assise, et étends ta menue personne sur le lit ; même là, couchée, afin que nul ne puisse mesurer ta taille, jette sur toi une robe qui masque tes pieds. Trop mince, vêts-toi d'un tissu qui étoffe ; qu'un large manteau pende de tes épaules. As-tu le teint trop clair ? Porte des vêtements rayés aux couleurs rutilantes. Trop sombre ? Emprunte le secours de tissus blancs. Un pied mal formé doit toujours se cacher dans une chaussure blanche en cuir fin ; qu'une jambe maigre ne se montre jamais sans courroies. De minces épaulettes conviennent à des épaules carrées, qu'un corset rehausse une poitrine plate. Accompagnez vos paroles de gestes rares et discrets, si vos doigts sont épais et vos ongles peu polis. Celle qui a l'haleine fétide doit ne jamais parler à jeun, et garder toujours une distance respectable d'avec l'homme à qui elle s'adresse. Si tes dents sont noires, trop longues ou mal disposées, tu te feras beaucoup de tort en riant. »

OVIDE, *Conseils aux femmes*

« Les femmes apprennent à rire et acquièrent ainsi un charme de plus. Ouvrez modérément la bouche : que la commissure de vos lèvres soient peu écartées par le rire et qu'elles ne laissent pas voir le haut des dents. Que le ventre ne s'épuise pas en un rire perpétuel, mais que ce rire sonne léger et digne d'une femme ! Il en est dont les éclats de rire leur tordent la bouche d'une façon désagréable ; d'autres rient aux éclats et ont l'air de pleurer. Le rire de certaines sonne rauque et de façon déplaisante, tel le braiement d'une vieille ânesse. »

OVIDE, *Conseils aux femmes*

« Une belle femme ne doit pas hésiter à se montrer en public : dans la foule, elle trouvera peut-être quelqu'un qu'elle séduira. Que partout, avide de plaire, elle se promène, et qu'elle sache savamment exhiber sa beauté. Le hasard jouera son rôle : même en laissant traîner un hameçon dans l'eau où l'on croit le moins ferrer des poissons, tu en trouveras. [...] C'est souvent aux funérailles d'un homme qu'on rencontre un ami. Aller les cheveux en bataille et laisser couler ses larmes convient bien à une femme. »

OVIDE, *Conseils aux femmes*

**Stratagèmes amoureux pour conserver son amant**

« Ne cède pas trop facilement aux avances d'un soupirant, mais ne repousse pas trop durement sa demande. Fais en sorte qu'il s'inquiète et qu'il espère en même temps, et qu'à chacune de tes réponses son espoir soit renforcé et que ses craintes s'évanouissent. Les mots qu'emploient les femmes doivent être élégants, mais sans effet ni recherche : rien ne plaît davantage que le ton ordinaire de la conversation. »

OVIDE, *Conseils aux femmes*

« Le grand secret pour que l'amour ne nous rende pas malheureux, c'est de tâcher de n'avoir jamais tort avec votre amant, de ne lui jamais montrer d'empressement quand il se refroidit, et d'être toujours d'un degré plus froide que lui ; cela ne le ramènera pas, mais rien ne le ramènerait : il n'y a rien à faire qu'à oublier quelqu'un qui cesse de nous aimer. S'il vous aime encore, rien n'est capable de le réchauffer et de rendre à son amour sa première ardeur que la crainte de vous perdre et d'être moins aimé. Je sais que ce secret est difficile à pratiquer pour les âmes tendres et vraies ; mais elles ne peuvent trop cependant prendre sur elles pour le pratiquer, d'autant plus qu'il leur est bien plus nécessaire qu'à d'autres. »

Madame DU CHÂTELET, *Discours sur le bonheur*

« Des faveurs accordées trop aisément auront du mal à entretenir un amour durable : à ses douces joies il faut savoir mêler quelques refus. Laissez votre amant à la porte ; qu'il s'irrite à son seuil et qu'il doive employer longtemps la prière et la menace. Nous ne supportons pas ce qui est fade : une boisson amère excite notre appétit. [...] Quand il se prend dans tes filets, que ton amant se targue d'être le seul admis dans ta chambre à coucher, mais bientôt donne-lui le sentiment qu'il a un rival et que tes faveurs intimes sont partagées. Sans ces stratagèmes, l'amour vieillit. »

OVIDE, *Conseils aux femmes*

« Pour conserver longtemps le cœur de son amant, il faut toujours que l'espérance et la crainte agissent sur lui. »

Madame DU CHÂTELET, *Discours sur le bonheur*

## Précautions indispensables en société

« Tu attends impatiemment que je te conduise dans les festins et sur ce sujet tu t'en remets également à mes conseils ; arrive tard pour que ta beauté ne fasse son entrée qu'à la lumière des lampes : l'attente augmentera ton prix ; il n'y a pas de meilleure entremetteuse que l'attente. Seras-tu laide, tu paraîtras belle à des yeux troublés par le vin, et la nuit suffira à jeter un voile sur tes imperfections. Goûte les mets en les prenant du bout des doigts (la grâce doit accompagner tes repas) ; ne barbouille pas ton visage d'une main mal essuyée. Ne sois pas rassasiée avant de venir dîner, mais arrête-toi avant d'être rassasiée et lève-toi de table sans être repue. [...] Boire est plus à propos et convient mieux aux femmes. [...] Encore faut-il que la tête puisse le supporter, que ton intelligence et ta démarche n'en soient pas affectées, que tes yeux ne voient pas double. Quel déplorable spectacle qu'une femme étendue par terre, gorgée de vin ! Elle mérite alors que le premier venu la prenne. Elle perdra également toute résistance si, à table, elle s'abandonne au sommeil, car le sommeil permet ordinairement bien des choses qui offensent la pudeur. »

OVIDE, *Conseils aux femmes*

## En dernier recours...

« Que la femme sente le plaisir de Vénus l'envahir jusqu'au plus profond de son être, et que la jouissance soit égale pour son amant comme pour elle ! Que les mots d'amour et les doux murmures ne s'interrompent jamais et que des mots lascifs rythment vos ébats. Même toi, à qui la nature a refusé les sensations amoureuses, simule, par des inflexions mensongères, d'en apprécier les douces joies. Combien il faut plaindre la femme chez laquelle reste insensible cet organe, qui doit procurer des jouissances à la femme comme à l'homme ! Mais que cette simulation ne soit pas découverte ! Qu'aussi bien les mouvements de ton corps que l'expression de tes yeux réussissent à nous tromper ! Que la volupté, que les mots, que la respiration haletante donnent l'illusion de l'ardeur ! [...] J'oubliais : ne laisse pas la lumière envahir ta chambre à coucher ; bien des parties du corps gagnent à n'être pas vues au grand jour. »

OVIDE, *Conseils aux femmes*

## 4

# Ne jamais céder à la jalousie

*Quand on aime, on est souvent malgré soi entraîné par les démons de la jalousie. « Où étais-tu, avec qui, pourquoi, comment ?... » Autant de questions dont le jaloux assaille celle qu'il aime, et qui peuvent le perdre en même temps que détruire son union. La jalousie cause, en effet, beaucoup plus de maux que de réjouissances. Car elle rend fou celui qui ne voit plus qu'à travers elle. Le jaloux est méfiant, suspicieux, agressif. Il souffre du manque de confiance en lui et en son partenaire. Il épie sans trêve l'objet de son amour, ses faits et gestes sont passés au peigne fin. L'effroi dans lequel le plonge sa maladive jalousie est terrifiant et dévastateur. Elle fait beaucoup de tort à ceux qui lui cèdent.*

*Mais la jalousie existe aussi hors de l'amour. Elle s'apparente alors davantage à l'envie, et à la convoitise et elle se double de méchanceté. Considérée comme l'un des sept péchés capitaux et fustigée par la morale chrétienne, elle est nuisible et profondément stérile. Efforçons-nous de canaliser l'énergie que nous consacrons à envier les autres pour la mettre à profit et accéder par nos propres moyens à ce qui nous fait défaut. C'est peut-être en maîtrisant cette passion absolument néfaste et proche de la folie, que nous vivrons plus sereinement.*

« L'amour fait naître la jalousie, mais la jalousie fait mourir l'amour. [...]

La jalousie est injurieuse à celui qui en est capable. »

Christine de SUÈDE, *Maximes*

« La jalousie ordinaire a l'habitude de caqueter dès que la poule enviée a pondu un œuf. C'est une façon de se soulager et de se calmer. Mais une jalousie plus profonde encore existe : dans cette situation, celle-ci restera muette et souhaitera que l'on fasse taire tout le monde, furieuse qu'il n'en soit justement pas ainsi. La jalousie qui se tait s'accroît dans le silence. »

NIETZSCHE, *Humain, trop humain*

« Ceux qui font bien mériteraient seuls d'être enviés, s'il n'y avait encore un meilleur parti à prendre, qui est de faire mieux : c'est une douce vengeance contre ceux qui nous donnent cette jalousie. »

LA BRUYÈRE, *Les Caractères*

« Il ne faut jalouser personne ; car les hommes de bien ne méritent pas d'être jalousés, et les hommes mauvais, plus leur fortune est bonne, plus ils se corrompent eux-mêmes. »

ÉPICURE, *Sentences vaticanes*

« Il semble que, s'il y a un soupçon injuste, bizarre et sans fondement, qu'on ait une fois appelé jalousie, cette autre jalousie qui est un sentiment juste, naturel, fondé en raison et sur l'expérience, mériterait un autre nom. Le tempérament a beaucoup de part à la jalousie, et elle ne suppose pas toujours une grande passion. [...] L'on souffre de la jalousie et l'on fait souffrir les autres. »

LA BRUYÈRE, *Les Caractères*

« Peu de gens se souviennent d'avoir été jeunes, et combien il leur était difficile d'être chastes et tempérants. La première chose qui arrive aux hommes après avoir renoncé aux plaisirs, ou par bienséance, ou par lassitude, ou par régime, c'est de les condamner dans les autres. Il entre dans cette conduite une sorte d'attachement aux choses mêmes que l'on vient de quitter ; l'on aimerait qu'un bien qui n'est plus pour nous ne fût plus aussi pour le reste du monde : c'est un sentiment de jalousie. »

LA BRUYÈRE, *Les Caractères*

« La jalousie est en quelque manière juste et raisonnable, puisqu'elle ne tend qu'à conserver un bien qui nous appartient, ou que nous croyons nous appartenir ; au lieu que l'envie est une fureur qui ne peut souffrir le bien des autres. »

LA ROCHEFOUCAULD, *Maximes*

« Toute jalousie est sans profit, car en cherchant ce qui peut nuire à autrui, elle perd de vue son propre intérêt. »

DÉMOCRITE, *Fragments*

« Il y a dans la jalousie plus d'amour-propre que d'amour. »

LA ROCHEFOUCAULD, *Maximes*

« La jalousie naît toujours avec l'amour, mais ne meurt pas toujours avec lui. »

LA ROCHEFOUCAULD, *Maximes*

« La jalousie est le plus grand de tous les maux, et celui qui fait le moins de pitié aux personnes qui le causent. »

LA ROCHEFOUCAULD, *Maximes*

« Le remède de la jalousie est la certitude de ce qu'on craint, parce qu'elle cause la fin de la vie ou la fin de l'amour ; c'est un cruel remède, mais il est plus doux que les doutes et les soupçons. »

LA ROCHEFOUCAULD, *Maximes*

« Plus on parle de sa jalousie, et plus les endroits qui ont déplu paraissent de différents côtés ; les moindres circonstances les changent, et font toujours découvrir quelque chose de nouveau. Ces nouveautés font revoir sous d'autres apparences ce qu'on croyait avoir assez vu et assez pesé ; on cherche à s'attacher à une opinion et on ne s'attache à rien ; tout ce qui est de plus opposé et de plus effacé se présente en même temps ; on veut haïr et on veut aimer, mais on aime encore quand on hait, et on hait encore quand on aime ; on croit tout, et on doute de tout ; on a de la honte et du dépit d'avoir cru et d'avoir douté ; on se travaille incessamment pour arrêter son opinion, et on ne la conduit jamais à un lieu fixe. [...] On n'est pas assez heureux pour oser croire ce qu'on souhaite, ni même assez heureux aussi pour être assuré de ce qu'on craint le plus. On est assujetti à une incertitude éternelle, qui nous présente successivement des biens et des maux qui nous échappent toujours. »

LA ROCHEFOUCAULD, *Maximes*

« Quand on aime, [...] toujours l'on ajoute une nouvelle perfection à l'idée qu'on a de sa maîtresse, ou l'on découvre un nouveau moyen, qui d'abord semble excellent, de s'en faire aimer davantage. Chaque pas de l'imagination est payé par un moment de délices. Il n'est pas étonnant qu'une telle manière d'être soit attachante.

À l'instant où naît la jalousie, la même habitude de l'âme reste, mais pour produire un effet contraire. Chaque perfection que vous ajoutez à la couronne de l'objet que vous aimez, et qui peut-être en aime un autre, loin de vous procurer une jouissance céleste, vous retourne un poignard dans le cœur. Une voix vous crie : ce plaisir si charmant, c'est ton rival qui en jouira. »

STENDHAL, *De l'amour*

« Quant à la jalousie chez les femmes, elles sont méfiantes, elles risquent infiniment plus que nous, elles ont plus sacrifié à l'amour, elles ont beaucoup moins de moyens de distractions, elles en ont beaucoup moins surtout de vérifier les actions de leur amant. Une femme se sent avilie par la jalousie, elle a l'air de courir après un homme, elle se croit la risée de son amant et qu'il se moque surtout de ses plus tendres transports, elle doit pencher à la cruauté, et cependant elle ne peut tuer légalement sa rivale.

Chez les femmes, la jalousie doit donc être un mal encore plus abominable, s'il se peut, que chez les hommes. C'est tout ce que le cœur humain peut supporter de rage impuissante et de mépris de soi-même, sans se briser. Je ne connais d'autre remède à un mal si cruel que la mort de qui l'inspire ou de qui l'éprouve. »

STENDHAL, *De l'amour*

# 5

# Le mariage

*Dès les premiers jours de cohabitation entre la femme et son mari, la vie peut devenir routine et apporter son cortège d'ennui, de disputes, de lâchetés, de déceptions et de perpétuels reproches... Quelles que soient la réalité ou les exceptions, c'est ainsi que la littérature nous dépeint le mariage. Notamment Balzac dans* Les Petites Misères de la vie conjugale. *Avec beaucoup d'humour et une bonne dose de misogynie, il y décrit les travers féminins, les fantasmes masculins et les difficultés quotidiennes qui découlent de cette étrange confrontation. À l'opposé, Voltaire considère que le mariage a autant de chances d'être heureux que de ne pas l'être. C'est donc sur nous-mêmes qu'il faut compter, pour qu'il soit une réussite, un bonheur et une satisfaction, bref pour que nous trouvions dans chaque jour qui passe la confirmation de la passion et de la raison pour lesquelles on s'était mariés.*

« Un homme libre et qui n'a point de femme, s'il a quelque esprit, peut s'élever au-dessus de sa fortune, se mêler dans le monde, et aller de pair avec les plus honnêtes gens. Cela est moins facile à celui qui est engagé : il semble que le mariage met tout le monde dans son ordre. »

LA BRUYÈRE, *Les Caractères*

« Pour être heureux, le mariage exige un continuel échange de transpirations. »

NAPOLÉON Ier, *Maximes et Pensées*

« Tu attendras sept années de mariage pour faire des louanges de ta femme. »

*Proverbe russe*

« Le mariage est le plus grand des maux ou des biens. »

*Attribué* à VOLTAIRE

« Qu'on évite d'être vu seul avec une femme qui n'est point la sienne, voilà une pudeur qui est bien placée ; qu'on sente quelque peine à se trouver dans le monde avec des personnes dont la réputation est attaquée, cela n'est pas incompréhensible. Mais quelle mauvaise honte fait rougir un homme de sa propre femme, et l'empêche de paraître dans le public avec celle qu'il s'est choisie pour sa compagne inséparable, qui doit faire sa joie, ses délices et toute sa société ; avec celle qu'il aime et qu'il estime, qui est son ornement, dont l'esprit, le mérite, la vertu, l'alliance lui font honneur ? Que ne commence-t-il par rougir de son mariage ? »

LA BRUYÈRE, *Les Caractères*

« — Ce n'est pas une honte ni une faute à un jeune homme que d'épouser une femme avancée en âge ; c'est quelquefois prudence, c'est précaution. L'infamie est de se jouer de sa bienfactrice par des traitements indignes et qui lui découvrent qu'elle est la dupe d'un hypocrite et d'un ingrat. [...] S'il est permis de tromper, c'est dans une occasion où il y aurait dureté à être sincère.

— Mais elle vit longtemps.

— Aviez-vous stipulé qu'elle mourût après avoir signé votre fortune et l'acquit de toutes vos dettes ? [...] A-t-elle tort de vivre ? Si même vous mourez avant celle dont vous aviez réglé les funérailles, à qui vous destiniez la grosse sonnerie et les beaux ornements, en est-elle responsable ? »

LA BRUYÈRE, *Les Caractères*

« Il est quelquefois agréable à un mari d'avoir une femme jalouse : il entend toujours parler de ce qu'il aime. »

LA ROCHEFOUCAULD, *Maximes*

« Généralement, une jeune personne ne découvre son vrai caractère qu'après deux ou trois années de mariage. Elle dissimule, sans le vouloir, ses défauts au milieu des premières joies, des premières fêtes. Elle va dans le monde pour y danser, elle va chez ses parents pour vous y faire triompher, elle voyage escortée par les premières malices de l'amour, elle se fait femme. Puis elle devient mère et nourrice, et dans cette situation pleine de joies et de souffrances, qui ne laisse à l'observation ni une parole ni une minute, tant les soins y sont multipliés, il est impossible de juger d'une femme. Il vous a fallu trois ou quatre ans de vie intime avant que vous ayez pu découvrir une chose horriblement triste, un sujet de perpétuelles terreurs. Votre femme, cette jeune fille à qui les premiers plaisirs de la vie et de l'amour tenaient lieu de grâce et d'esprit, si coquette, si animée, si vive, dont les moindres mouvements avaient une délicieuse éloquence, a dépouillé lentement, un à un, ses artifices naturels. Enfin, vous avez aperçu la vérité ! Vous vous y êtes refusé, vous avez cru vous tromper ; mais non : Caroline manque d'esprit, elle est lourde, elle ne sait ni plaisanter ni discuter, elle a parfois peu de tact. Vous êtes effrayé. »

Honoré DE BALZAC,
*Les Petites Misères de la vie conjugale*

« Certains maris sont si ravis d'avoir une femme à eux, chance uniquement due à la légalité, qu'ils craignent une erreur chez le public, et ils se hâtent de marquer leur épouse, comme les marchands de bois marquent leurs bûches de flottage, ou les propriétaires du Berry leurs moutons. Devant tout le monde, ils prodiguent à [...] leurs femmes des surnoms pris au règne animal, et ils les appellent : ma poule, ma chatte, mon rat, mon petit lapin ; ou, passant au règne végétal, ils les nomment : mon chou, ma figue (en Provence seulement), ma prune (en Alsace seulement) ; et jamais : ma fleur ! remarquez cette discrétion. Ou, ce qui devient plus grave ! – Bobonne, – ma mère, – ma fille, – la bourgeoise, – ma vieille ! (quand la femme est très jeune !). Quelques-uns hasardent des surnoms d'une décence douteuse, tels que : mon bichon, – ma niniche, – Tronquette ! Nous avons entendu un de nos hommes politiques, le plus remarquable par sa laideur, appelant sa femme : Moumoutte !...

— J'aimerais mieux, disait à sa voisine cette infortunée, qu'il me donnât un soufflet. »

Honoré DE BALZAC,
*Les Petites Misères de la vie conjugale*

« Dans tous les ménages, maris et femmes entendent sonner une heure fatale. C'est un vrai glas, la mort de la jalousie, une grande, une noble, une charmante passion, le seul véritable symptôme de l'amour, s'il n'est pas toutefois son double. Quand une femme n'est plus jalouse de son mari, tout est dit, elle ne l'aime plus. Aussi l'amour conjugal s'éteint-il dans la dernière querelle que fait une femme. »

Honoré DE BALZAC,
*Les Petites Misères de la vie conjugale*

« En discutant sur l'oreiller, l'épouse obtient neuf fois sur dix ce qu'elle désire. »

*Proverbe chinois*

# 6

# De la difficulté des rapports entre les hommes, et comment s'en sortir sans peine

*« L'insociable sociabilité » : c'est par cette expression ambiguë et paradoxale que le philosophe Emmanuel Kant décrivait au* XVIII*e siècle le besoin éprouvé par l'homme de vivre en société, doublé de la difficulté que cette cohabitation implique. Animal social, l'homme doit trouver le compromis entre ses propres désirs, ses inquiétudes ou ses projets, et a pour obligation de les intégrer à la vie de la cité. Car, et ce depuis les Grecs, pour être homme, l'individu n'en est pas moins citoyen.*

*De cette indispensable relation qui unit les hommes les uns aux autres, découlent certaines règles à suivre pour concilier son propre moi avec celui de son entourage. Le principe essentiel, qui résume la trame des rapports humains, consiste à être sur ses gardes, à ne pas s'exposer inutilement à la critique d'autrui, tout en étant capable de s'investir et de se découvrir dans une relation d'amitié. Car un homme sans amis n'est pas un homme accompli. Prudence, générosité et circonspection sont les maîtres mots pour vivre tranquille en société.*

**Petites choses à savoir pour apprécier la vie en société**

« Il est plus nécessaire d'étudier les hommes que les livres. »

LA ROCHEFOUCAULD, *Maximes*

« Tous ceux que nous avons longtemps fait attendre dans l'antichambre de notre faveur finissent par fermenter et succomber à l'aigreur. »

NIETZSCHE, *Humain, trop humain*

« C'est abréger et s'épargner mille discussions que de penser de certaines gens qu'ils sont incapables de parler juste, et de condamner ce qu'ils disent, ce qu'ils ont dit, ce qu'ils diront. »

LA BRUYÈRE, *Les Caractères*

« Si vous observez avec soin qui sont les gens qui ne peuvent louer, qui blâment toujours, qui ne sont contents de personne, vous reconnaîtrez que ce sont ceux mêmes dont personne n'est content. »

LA BRUYÈRE, *Les Caractères*

« Savoir demander. Il n'y a rien de plus difficile pour quelques-uns ni de plus facile pour quelques autres. Il y en a qui ne sauraient refuser, et, par conséquent, il ne faut point de crochet pour tirer d'eux ce qu'on veut. Il y en a d'autres dont le premier mot à toute heure est "non"; il est besoin d'adresse avec eux. Mais à quelques gens qu'on ait à demander, il faut bien prendre son temps, comme, par exemple, au sortir d'un bon repas, ou de quelque autre récréation qui a mis en belle humeur, en cas que la prudence de celui qui est prié ne prévienne pas l'artifice de celui qui prie. Les jours de réjouissance sont les jours de faveur, parce que la joie du dedans rejaillit au-dehors. »

GRACIÁN, *L'Homme de cour*

« Un homme qui ne veut pas maîtriser sa colère, ses accès de haine et de vengeance, ni sa luxure, et qui malgré cela aspire au statut de maître, dans quelque domaine que ce soit, est aussi bête que l'agriculteur qui place son champ sur les bords d'un torrent sans s'en protéger. »

NIETZSCHE, *Humain, trop humain*

« À trop admirer les vertus des autres on peut perdre le sens des siennes propres tant et si bien qu'en ne les exerçant plus, on les oublie complètement sans recevoir pour autant celles des autres en compensation. »

NIETZSCHE, *Humain, trop humain*

« L'égoïste n'est pas celui qui vit comme il lui plaît, c'est celui qui demande aux autres de vivre comme il lui plaît ; l'altruiste est celui qui laisse les autres vivre leur vie, sans intervenir. »

WILDE, *Aphorismes*

« Traiter tous les hommes avec la même bienveillance et prodiguer indistinctement sa bonté peut tout aussi bien témoigner d'un profond mépris des hommes que d'un amour sincère à leur égard. »

NIETZSCHE, *Humain, trop humain*

« Lorsque tu vois un homme qui gémit dans le deuil, soit parce que son fils est absent, soit parce qu'il a perdu ce qu'il possédait, prends garde de te laisser emporter par l'idée que les maux dont il souffre lui viennent du dehors. Mais sois prêt à dire aussitôt : "Ce qui l'afflige ce n'est point ce qui arrive, car un autre n'en est pas affligé ; mais c'est le jugement qu'il porte sur cet événement." N'hésite donc pas, même par la parole, à lui témoigner de la sympathie, et même, si l'occasion s'en présente, à gémir avec lui. Mais, néanmoins, prends garde de ne point aussi gémir du fond de l'âme. »

ÉPICTÈTE, *Manuel*

« Personne ne se lasse de recevoir un service. Or, rendre service est agir conformément à la nature. Ne te lasse donc point de te rendre service en obligeant les autres. »

MARC AURÈLE, *Pensées*

« Fais attention à ne jamais avoir à l'égard des misanthropes les sentiments qu'ont les misanthropes à l'égard des hommes. »

MARC AURÈLE, *Pensées*

« Nous pouvons considérer les petits accidents qui viennent nous agacer à toute heure, comme destinés à nous tenir en haleine, afin que la force nécessaire pour supporter les grands malheurs ne se relâche pas entièrement dans les jours heureux. Quant aux tracasseries journalières, aux petits frottements dans les rapports entre les hommes, aux chocs insignifiants, aux inconvenances, aux commérages et autres choses semblables, il faut être cuirassé à leur égard, c'est-à-dire non seulement ne pas les prendre à cœur et les ruminer, mais ne pas même les ressentir ; ne nous laissons pas toucher par tout cela, repoussons-le du pied comme les cailloux qui gisent sur la route, et n'en faisons jamais un objet intime de réflexion et de méditation. »

SCHOPENHAUER, *Aphorismes sur la sagesse dans la vie*

« Si l'esprit de renoncement pousse quelqu'un à rechercher volontairement la solitude, il peut, en les goûtant rarement, transformer ses relations avec les hommes en un mets délicat. »

NIETZSCHE, *Humain, trop humain*

« Quand on a assez fait auprès de certaines personnes pour avoir dû se les acquérir, si cela ne réussit point, il y a encore une ressource, qui est de ne plus rien faire. »

LA BRUYÈRE, *Les Caractères*

« Il faut afficher son malheur, gémir de temps en temps à haute voix, s'impatienter ostensiblement : car si on montrait aux autres combien l'on est tranquille et heureux au fond de soi-même, malgré les douleurs et les privations, comme on les rendrait envieux et méchants ! Or il faut que nous veillions à ne pas rendre nos semblables plus mauvais ; de plus, s'ils nous savaient heureux, ils nous chargeraient de lourdes contributions, de sorte que notre souffrance publique représente pour nous un avantage privé. »

NIETZSCHE, *Humain, trop humain*

« Lorsqu'un homme a commis une faute contre toi, imagine aussitôt quelle opinion il peut avoir du bien ou du mal pour avoir commis une telle faute. Lorsque tu le sauras, en effet, tu n'éprouveras pour lui ni étonnement ni colère, mais de la pitié. Car, ou bien vous avez tous deux la même opinion sur le bien, ou une autre analogue, et il faut donc lui pardonner. Mais si tu ne partages plus ses opinions sur le bien et le mal, tu seras plus facilement bienveillant à celui qui les distingue mal. »

MARC AURÈLE, *Pensées*

« De petits services accordés au moment opportun sont les plus précieux aux yeux de ceux qui en bénéficient. »

DÉMOCRITE, *Fragments*

« Satisfaire soi-même autant que possible ses besoins les plus impérieux, fût-ce même d'une façon imparfaite, voilà comment atteindre la liberté de l'esprit et de la personne. Accepter d'autrui qu'il subvienne à des besoins nombreux et même superflus, et aussi parfaitement que possible, finit par vous réduire à un état de dépendance. »

NIETZSCHE, *Humain, trop humain*

« Parler et offenser, pour de certaines gens, est précisément la même chose. Ils sont piquants et amers ; leur style est mêlé de fiel et d'absinthe : la raillerie, l'injure, l'insulte, leur découlent des lèvres comme leur salive. Il leur serait utile d'être nés muets ou stupides : ce qu'ils ont de vivacité d'esprit leur nuit davantage que ne fait à quelques autres leur sottise. Ils ne se contentent pas toujours de répliquer avec aigreur, ils attaquent souvent avec insolence ; ils frappent sur tout ce qui se trouve sous leur langue, sur les présents, sur les absents ; ils heurtent de front et de côté, comme des béliers. [...] Ce que l'on peut faire de mieux, d'aussi loin qu'on les découvre, est de les fuir de toute sa force et sans regarder derrière soi. »

LA BRUYÈRE, *Les Caractères*

« L'on dit à la cour du bien de quelqu'un pour deux raisons : la première, afin qu'il apprenne que nous disons du bien de lui ; la seconde, afin qu'il en dise de nous. »

LA BRUYÈRE, *Les Caractères*

« On peut dire de l'humeur des hommes, comme de la plupart des bâtiments, qu'elle a diverses faces, les unes agréables, et les autres désagréables. »

LA ROCHEFOUCAULD, *Maximes*

« On obtient de l'ennemi bien plus de respect et de garanties quand on se rend les armes à la main. »

SÉNÈQUE, *La Vie heureuse*

## Prudence et mesure sont utiles vis-à-vis d'autrui et de soi-même

« Ne dites rien des affaires dont vous avez entendu parler, ignorez tout des affaires sur lesquelles on vous interroge, ne vous mêlez pas des affaires qui ne vous regardent pas, rentrez chez vous sitôt qu'il n'y a pas d'affaires. »

*Proverbe chinois*

« C'est faire en homme sage de ne parler jamais en superlatifs, car cette manière de parler blesse toujours, ou la vérité, ou la prudence. Les exagérations sont autant de prostitutions de la réputation, en ce qu'elles découvrent la petitesse de l'entendement et le mauvais goût de celui qui parle. Les louanges excessives réveillent la curiosité et aiguillonnent l'envie ; de sorte que, si le mérite ne correspond pas au prix qu'on lui a donné, comme il arrive d'ordinaire, l'opinion commune se révolte contre la tromperie et tourne le flatteur et le flatté en ridicule. C'est pourquoi l'homme prudent va bride en main, et aime mieux pêcher par le trop peu que par le trop. L'excellence est rare, et, par conséquent, il faut mesurer son estime. L'exagération est une sorte de mensonge ; à exagérer, on se fait passer pour homme de mauvais goût et, qui pis est, pour homme de peu d'entendement. »

GRACIÁN, *L'Homme de cour*

« Nous avons coutume de haïr gratuitement, c'est-à-dire avant même de savoir quel est celui que nous haïssons ; et quelquefois cette aversion vulgaire ose bien attaquer de grands personnages. La prudence la doit surmonter, car rien ne discrédite davantage que de haïr ceux qui méritent le plus d'être aimés. Comme il est glorieux de sympathiser avec les héros, il est honteux d'avoir de l'antipathie pour eux. »

GRACIÁN, *L'Homme de cour*

« L'homme qui n'a qu'une affaire, ou celui qui a toujours la même chose à dire, est d'ordinaire fatigant. La brièveté est plus propre à négocier, elle gagne par son agrément ce qu'elle perd par son épargne. Ce qui est bon est deux fois bon s'il est court ; et pareillement ce qui est mauvais l'est moins si le peu y est. Les quintessences opèrent mieux que les breuvages composés. C'est une vérité reconnue que le grand parleur est rarement habile. Il y a des hommes qui font plus d'embarras que d'honneur à l'univers ; ce sont des haillons jetés dans la rue, que chacun pousse hors du passage. L'homme discret doit bien se garder d'être importun, surtout aux gens qui ont de grandes occupations, car il vaudrait mieux être incommode à tout le reste du monde que de l'être à un seul de ceux-là. Ce qui est bien dit se dit en peu. »

GRACIÁN, *L'Homme de cour*

« Tirer quelques coups en l'air. C'est le moyen de reconnaître comment sera reçu ce que l'on prétend faire, surtout quand ce sont des choses dont l'issue et l'approbation sont douteuses. C'est par là qu'on tire à coup sûr, et qu'on est toujours maître de reculer ou d'avancer. C'est ainsi que l'on sonde les volontés, et que l'on sait où il fait bon mettre le pied. Cette prévention est très nécessaire pour demander à propos, pour bien placer son amitié, et pour bien gouverner. »

GRACIÁN, *L'Homme de cour*

« Sache que celui qui est dans le bourbier ne t'appelle que pour se consoler à tes dépens, quand tu seras embourbé avec lui. Les malheureux cherchent quelqu'un qui leur aide à porter leur affliction. Tel qui, durant leur prospérité, leur tournait le dos, leur tend maintenant la main. Il faut bien aviser à ne pas se noyer en voulant secourir ceux qui se noient. »

GRACIÁN, *L'Homme de cour*

« La finesse n'est ni une trop bonne ni une trop mauvaise qualité : elle flotte entre le vice et la vertu. Il n'y a point de rencontre où elle ne puisse, et peut-être où elle ne doive, être suppléée par la prudence. La finesse est l'occasion prochaine de la fourberie ; de l'un à l'autre le pas est glissant. [...] Avec les gens qui par finesse écoutent tout et parlent peu, parlez encore moins ; ou si vous parlez beaucoup, dites peu de choses. »

LA BRUYÈRE, *Les Caractères*

« Sachez précisément ce que vous pouvez attendre des hommes en général, et de chacun d'eux en particulier, et jetez-vous ensuite dans le commerce du monde. »

LA BRUYÈRE, *Les Caractères*

« Ne te montre pas soupçonneux envers tout le monde, mais prudent et ferme. »

DÉMOCRITE, *Fragments*

« Quel est donc le flatteur dont il faut se garder ? C'est celui qui ne fait pas profession de l'être, [...] mais qui, sobre et tempérant, curieux de tout voir et de tout entendre, cherche plutôt à se mêler de vos affaires, à entrer dans vos secrets les plus intimes ; celui enfin qui, loin de jouer son personnage en bouffon ou en comédien, conserve dans toute sa conduite un caractère sérieux et honnête. [...] Ainsi la flatterie la plus dangereuse n'est pas celle qui se manifeste par des plaisanteries, mais celle qui, en se couvrant, marche sérieusement à son but. C'est elle qui nous rend suspecte la véritable amitié, parce qu'elle lui ressemble et que sans une grande attention il est facile de les confondre. »

PLUTARQUE,
*Sur la manière de distinguer le flatteur de l'ami*

« Le taon s'attache aux oreilles des taureaux, et la tique à celles des chiens. Ainsi le flatteur, en chatouillant par des louanges les oreilles de ceux qui aiment la gloire, se les attache si fortement qu'ils ne peuvent plus s'en séparer. »

PLUTARQUE,
*Sur la manière de distinguer le flatteur de l'ami*

« C'est donc quand le flatteur nous loue qu'il faut surtout nous défier de lui. Il ne l'ignore pas, et, adroit à prévenir les soupçons, ce n'est guère qu'avec un homme imbécile ou vain qu'il donne carrière à sa flatterie. »

PLUTARQUE,
*Sur la manière de distinguer le flatteur de l'ami*

« Un moyen non moins sûr de reconnaître le flatteur, c'est d'examiner ses dispositions à l'égard de nos vrais amis. Rien n'est plus doux que de partager avec plusieurs personnes les sentiments d'une bienveillance réciproque, et un ami véritable travaille sans cesse à nous rendre chers et estimables à tous ceux qui nous connaissent. Persuadé qu'entre amis tout est commun, c'est surtout l'amitié qu'il veut leur rendre commune. Mais le flatteur, ami faux et perfide, qui ne peut se dissimuler le tort qu'il fait à l'amitié en l'altérant comme la monnaie, exerce contre ses pareils la jalousie qui lui est naturelle, et cherche à les surpasser. [...] Il éloigne de même les amis véritables. S'il ne peut y réussir, il les flatte en public, il les recherche et leur prodigue les témoignages de son estime ; mais en secret il sème contre eux des calomnies, qu'il aigrit encore par ses discours. »

PLUTARQUE,
*Sur la manière de distinguer le flatteur de l'ami*

« La sincérité est une ouverture de cœur. On la trouve en fort peu de gens ; et celle que l'on voit d'ordinaire n'est qu'une fine dissimulation pour attirer la confiance des autres. »

LA ROCHEFOUCAULD, *Maximes*

« L'humilité n'est souvent qu'une feinte soumission, dont on se sert pour soumettre les autres ; c'est un artifice de l'orgueil qui s'abaisse pour s'élever ; et bien qu'il se transforme en mille manières, il n'est jamais mieux déguisé et plus capable de tromper que lorsqu'il se cache sous la figure de l'humilité. »

LA ROCHEFOUCAULD, *Maximes*

« On ne doit pas juger du mérite d'un homme par ses grandes qualités, mais par l'usage qu'il en fait. »

LA ROCHEFOUCAULD, *Maximes*

« Il faut connaître le meilleur et le pire dont un homme est capable, dans sa manière de concevoir les choses et de les exécuter, pour pouvoir mesurer le développement et l'aboutissement de sa nature morale. Mais il est impossible de connaître cela. »

NIETZSCHE, *Humain, trop humain*

« Il est aussi dangereux de faire du bien aux hommes que de caresser les bêtes sauvages. »

Christine de SUÈDE, *Maximes*

« Les hommes ressemblent aux enfants qui prennent de mauvaises manières dès qu'on les gâte ; aussi ne faut-il être trop indulgent ni trop aimable envers personne. [...] C'est surtout l'idée qu'on a besoin d'eux que les hommes ne peuvent absolument pas supporter ; elle est toujours suivie inévitablement d'arrogance et de présomption. [...] N'avoir jamais et d'aucune façon besoin des autres et le leur faire voir, voilà absolument la seule manière de maintenir sa supériorité dans les relations. En conséquence, il est sage de leur faire sentir de temps en temps à tous, homme ou femme, qu'on peut très bien se passer d'eux ; cela fortifie l'amitié. »

SCHOPENHAUER, *Aphorismes sur la sagesse dans la vie*

« Dans leurs relations, les gens font comme la lune et les bossus, c'est-à-dire qu'ils ne nous montrent jamais qu'une face ; ils ont même un talent inné pour transformer leur visage, par une mimique habile, en un masque représentant très exactement ce qu'ils devraient être en réalité ; ce masque, découpé exclusivement à la mesure de leur individualité, s'adapte et s'ajuste si bien que l'illusion est complète. [...] Gardons-nous bien, en tout cas, de nous faire une opinion très favorable d'un homme dont nous venons de faire la connaissance ; nous serions ordinairement déçus à notre confusion, peut-être même à notre détriment. À ce propos encore, une observation digne d'être notée : c'est précisément dans les petites choses, où il ne songe pas à soigner sa contenance, que l'homme dévoile son caractère ; c'est dans des actions insignifiantes, quelquefois dans de simples manières, que l'on peut facilement observer cet égoïsme illimité, sans égard pour personne, qui ne se démentira pas non plus ensuite dans les grandes choses, mais qui se dissimulera [...]. Cet individu, soyez-en bien convaincu, n'a pas dans le cœur le sentiment du juste ; il sera un gredin tout aussi bien dans les grandes circonstances, toutes les fois que la loi ou la force ne lui lieront pas les bras ; ne permettez pas à cet homme de franchir votre seuil. »

SCHOPENHAUER, *Aphorismes sur la sagesse dans la vie*

« Que des gens se vantent de quoi que ce soit, courage ou érudition, intelligence ou esprit, succès auprès des femmes ou richesses, ou noblesse, et l'on pourra en conclure que c'est précisément sur ce chapitre-là qu'il leur manque quelque chose ; car celui qui possède réellement et complètement une qualité ne songe pas à l'étaler et à l'affecter ; il est parfaitement tranquille sous ce rapport. »

SCHOPENHAUER, *Aphorismes sur la sagesse dans la vie*

« Ne gardons d'animosité contre personne, autant que possible ; contentons-nous de bien noter les "procédés" de chacun, et souvenons-nous-en, pour fixer par là la valeur de chacun au moins en ce qui nous concerne, et pour régler en conséquence notre attitude et notre conduite envers les gens ; soyons toujours bien convaincus que le caractère ne change jamais : oublier un vilain trait, c'est jeter par la fenêtre de l'argent péniblement acquis. Mais, en suivant ma recommandation, on sera protégé contre la folle confiance et contre l'amitié déraisonnable. »

SCHOPENHAUER, *Aphorismes sur la sagesse dans la vie*

« J'ai plus de confiance en un brave chien, quand il remue la queue, que dans toutes ces démonstrations et ces façons. La vraie, la sincère amitié présuppose que l'un prend une part énergique, purement objective et tout à fait désintéressée au bonheur et au malheur de l'autre, et cette participation suppose à son tour une véritable identification de l'ami avec son ami. »

SCHOPENHAUER, *Aphorismes sur la sagesse dans la vie*

« Heureux le prince qui vit parmi des gens sincères qui s'intéressent à sa réputation et à sa vertu. Mais que celui qui vit parmi les flatteurs est malheureux de passer ainsi sa vie au milieu de ses ennemis !

Oui ! Au milieu de ses ennemis ! Et nous devons regarder comme tels tous ceux qui ne nous parlent point à cœur ouvert ; qui se montrent toujours à nous avec deux visages ; qui nous font vivre dans une nuit éternelle, et nous couvrent d'un nuage épais pour nous empêcher de voir la vérité qui se présente. »

MONTESQUIEU, *Éloge de la sincérité*

« La science du plus grand usage est l'art de dissimuler. Celui qui montre son jeu risque de perdre. Que la circonspection combatte contre la curiosité. À ces gens qui épluchent de si près les paroles, couvre ton cœur d'une haie de défiance et de réserve. Qu'ils ne connaissent jamais ton goût, de peur qu'ils ne te préviennent, ou par la contradiction, ou par la flatterie. »

GRACIÁN, *L'Homme de cour*

**L'amitié**

« Un véritable ami est le plus grand de tous les biens et celui de tous qu'on songe le moins à acquérir. »

LA ROCHEFOUCAULD, *Maximes*

« Si tu te fais de nouveaux amis, n'oublie pas les anciens. »

ÉRASME, *Adages*

« Un vrai ami est une chose si avantageuse, même pour les plus grands seigneurs, afin qu'il dise du bien d'eux, et qu'il les soutienne en leur absence même, qu'ils doivent tout faire pour en avoir. Mais qu'ils choisissent bien ; car, s'ils font tous leurs efforts pour des sots, cela leur sera inutile, quelque bien qu'ils disent d'eux ; et même ils n'en diront pas du bien, s'ils se trouvent les plus faibles car ils n'ont pas d'autorité ; et ainsi ils médiront en compagnie. »

PASCAL, *Pensées*

« On n'est point l'ami d'une femme lorsqu'on peut être son amant. »

BALZAC, *Les Petites Misères de la vie conjugale*

« Blâme ton ami en secret ; vante-le devant les autres. »

Léonard DE VINCI, *Carnets*

« Qui cherche un ami sans défauts reste sans ami. »

*Proverbe turc*

« Un ami peut courir le risque de déplaire par ses remontrances, quand l'objet en est important. Si, au contraire, prenant moins le ton d'un ami que celui d'un pédant, il se rend difficile sur les bagatelles, ses avis dans les choses de conséquence perdront leur force et leur effet, parce qu'il aura abusé de la franchise, comme un médecin qui appliquerait à des maladies légères un de ces remèdes amers et coûteux qu'on ne donne que dans les cas les plus pressés. Il évitera donc avec soin cette facilité à blâmer. »

PLUTARQUE,
*Sur la manière de distinguer le flatteur de l'ami*

« Les ennemis de nos ennemis sont nos amis. »

*Proverbe français*

« Quelqu'un qui vous comprend, même au bout du monde, est comme un voisin. »

*Proverbe chinois*

« Ce que les hommes ont nommé amitié n'est qu'une société, qu'un ménagement réciproque d'intérêts, et qu'un échange de bons offices ; ce n'est enfin qu'un commerce où l'amour-propre se propose toujours quelque chose à gagner. »

LA ROCHEFOUCAULD, *Maximes*

« Nous ne pouvons rien aimer que par rapport à nous, et nous ne faisons que suivre notre goût et notre plaisir quand nous préférons nos amis à nous-mêmes ; c'est néanmoins par cette préférence seule que l'amitié peut être vraie et parfaite. »

LA ROCHEFOUCAULD, *Maximes*

« Les grands amis sont pour les grandes occasions. Il ne faut pas employer beaucoup de faveur en des choses de peu d'importance, ce serait la dissiper. [...] Il vaut mieux savoir conserver ses amis que ses biens. »

GRACIÁN, *L'Homme de cour*

« Quand un homme avec qui nous sommes en rapports plus ou moins étroits nous fait quelque chose qui nous déplaît ou nous fâche, nous n'avons qu'à nous demander s'il a ou non assez de prix à nos yeux pour que nous acceptions de sa part, une seconde fois et plus souvent encore, un traitement semblable, voire un peu plus accentué [...] dans le cas affirmatif, tout est dit ; car parler simplement ne servirait de rien : il faut alors laisser passer la chose, avec ou sans admonition : mais nous devrons nous rappeler que de cette façon, nous nous en attirons la répétition. Dans le cas d'une réponse négative, il nous faut sur-le-champ et à jamais rompre avec le cher ami. »

SCHOPENHAUER, *Aphorismes sur la sagesse dans la vie*

« La meilleure occasion pour éprouver la sincérité d'un ami, c'est le moment où vous lui annoncerez un malheur qui vient de vous frapper. Vous verrez alors se peindre sur ses traits une affliction vraie, profonde et sans mélange, ou au contraire, par son calme imperturbable, par un trait se dessinant fugitivement, il confirmera la maxime de La Rochefoucauld : "Dans l'adversité de nos meilleurs amis, nous trouvons toujours quelque chose qui ne nous déplaît pas." Ceux qu'on appelle habituellement des amis peuvent à peine, dans ces occasions, réprimer le frémissement, le léger sourire de la satisfaction. Il y a peu de choses qui mettent aussi sûrement en bonne humeur, que le récit de quelque calamité dont on a été récemment frappé, ou encore l'aveu sincère qu'on leur fait de quelque faiblesse personnelle. »

SCHOPENHAUER, *Aphorismes sur la sagesse dans la vie*

« Bien des gens qui paraissaient être nos amis ne le sont pas en réalité ; le contraire est vrai aussi. »

DÉMOCRITE, *Fragments*

« L'amitié d'un seul homme raisonnable vaut mieux que celle de tous les gens déraisonnables ensemble. »

DÉMOCRITE, *Fragments*

« Il ne vaut pas la peine de vivre, si l'on n'a pas un bon ami. »

DÉMOCRITE, *Fragments*

« Parmi les choses dont la sagesse se munit en vue de la félicité de la vie tout entière, de beaucoup la plus importante est la possession de l'amitié. »

ÉPICURE, *Maximes capitales*

« On ne doit jamais rien taire à son ami des choses qu'il a intérêt de savoir. »

Christine de SUÈDE, *Maximes*

« L'éloignement et la longue absence nuisent à toute amitié, quoiqu'on ne l'avoue pas volontiers. Les gens que nous ne voyons pas, seraient-ils nos plus chers amis, s'évaporent insensiblement avec la marche du temps jusqu'à l'état de notions abstraites, ce qui fait que notre intérêt pour eux devient de plus en plus une affaire de raison, pour ainsi dire de tradition. Le sentiment vif et profond demeure réservé à ceux que nous avons sous les yeux. »

SCHOPENHAUER, *Aphorismes sur la sagesse dans la vie*

« Les amis se disent sincères ; ce sont les ennemis qui le sont ; aussi devrait-on, pour apprendre à se connaître soi-même, prendre leur blâme comme on prend une médecine amère. »

SCHOPENHAUER, *Aphorismes sur la sagesse dans la vie*

« Un homme simple qui n'a que la vérité à dire est regardé comme le perturbateur du plaisir public. On le fuit, parce qu'il ne plaît point ; on fuit la vérité qu'il annonce parce qu'elle est amère ; on fuit la sincérité dont il fait profession parce qu'elle ne porte que des fruits sauvages ; on la redoute parce qu'elle humilie, parce qu'elle révolte l'orgueil, qui est la plus chère des passions, parce qu'elle est un peintre fidèle, qui nous fait voir aussi difformes que nous le sommes.

Il ne faut donc pas s'étonner si elle est si rare : elle est chassée, elle est proscrite partout. Chose merveilleuse ! elle trouve à peine un asile dans le sein de l'amitié. »

MONTESQUIEU, *Éloge de la sincérité*

« Si nous connaissions bien le prix d'un véritable ami, nous passerions notre vie à le chercher. Ce serait le plus grand des biens que nous demanderions au ciel, et quand il aurait rempli nos vœux, nous nous croirions aussi heureux que s'il nous avait créés avec plusieurs âmes pour veiller sur notre faible et misérable machine. »

MONTESQUIEU, *Éloge de la sincérité*

« Avoir des amis, c'est un second être ; tout ami est bon à son ami ; entre amis tout est agréable. Un homme ne peut valoir que ce qu'il plaît aux autres de le faire valoir. Pour leur en donner donc la volonté, il faut s'emparer de leur bouche par leur cœur. Il n'y a point de meilleur enchantement que les bons services ; le meilleur moyen d'avoir des amis est d'en faire ; tout ce que nous avons de bon dans la vie dépend d'autrui. L'on a à vivre avec ses amis, ou avec ses ennemis ; chaque jour, il en faut gagner un et, si l'on n'en fait pas son confident, se le rendre du moins bien affectionné, car quelques-uns de ceux-là deviendront intimes, à force de les bien connaître. »

GRACIÁN, *L'Homme de cour*

« L'amitié naît lorsqu'on a pour l'autre une estime supérieure à celle qu'on a pour soi-même ; lorsque, de plus, on l'aime, mais moins que soi-même ; enfin lorsque, pour faciliter les relations, on souhaite approcher une certaine intimité, tout en se gardant sagement de l'intimité véritable et de la confusion du moi et du toi. »

NIETZSCHE, *Humain, trop humain*

« Dès que nous nous apercevons que, dans ses réalisations et ses conversations avec nous, quelqu'un doit faire un effort pour nous prêter attention, nous détenons alors la preuve évidente qu'il ne nous aime pas, ou qu'il ne nous aime plus. »

NIETZSCHE, *Humain, trop humain*

« Il ne faut pas parler de ses amis : car par les paroles, on s'éloigne du sentiment de l'amitié. »

NIETZSCHE, *Humain, trop humain*

« On ne saurait conserver longtemps les sentiments qu'on doit avoir pour ses amis et pour ses bienfaiteurs, si on se laisse la liberté de parler souvent de leurs défauts. »

LA ROCHEFOUCAULD, *Maximes*

« Trois sortes d'amis sont utiles, trois sortes d'amis sont néfastes. Les utiles : un ami droit, un ami fidèle, un ami cultivé. Les néfastes : un ami faux, un ami mou, un ami bavard. »

CONFUCIUS, *Entretiens*

« Savoir user de ses amis. Il y va de grande adresse. Les uns sont bons pour s'en servir de loin, les autres pour les avoir auprès de soi. Tel qui n'a pas été bon pour la conversation, l'est pour la correspondance. L'éloignement efface certains défauts que la présence rendrait insupportables. Dans les amis, il ne faut pas chercher seulement le plaisir, mais encore l'utilité. L'ami doit avoir trois qualités du bien, ou comme disent les autres, de l'être : l'unité, la bonté, la vérité ; d'autant que l'ami tient lieu de toutes choses. Il y en a très peu qui puissent être donnés pour bons, et, de ne les savoir pas choisir, le nombre en devient encore plus petit. Les savoir conserver est plus que de les avoir su faire. Cherche-les tels qu'ils durent longtemps, et, bien que du commencement ils soient nouveaux, c'est assez, pour être content, qu'ils puissent devenir anciens. À le bien prendre, les meilleurs sont ceux que l'on n'acquiert qu'après avoir longtemps mangé du sel avec eux. Il n'y a point de désert si affreux que de vivre sans amis. L'amitié multiplie les biens, et partage les maux. C'est l'unique remède contre la mauvaise fortune ; c'est le soupirail par où l'âme se décharge. »

GRACIÁN, *L'Homme de cour*

« L'on ne peut aller loin dans l'amitié, si l'on n'est pas disposé à se pardonner les uns les autres les petits défauts. »

LA BRUYÈRE, *Les Caractères*

« S'il est honteux de devenir flatteur en cherchant à plaire, il ne l'est pas moins, pour fuir la flatterie, de se livrer à une franchise immodérée, qui détruit la confiance et l'amitié. Évitons ces deux excès, et que la franchise, comme toute autre qualité, tienne le juste milieu. »

PLUTARQUE,
*Sur la manière de distinguer le flatteur de l'ami*

« On dit que Pythagore fit publiquement à un jeune homme une réprimande si sévère qu'il se pendit de désespoir. Depuis, ce philosophe ne reprit jamais personne que seul à seul. Les vices sont des maladies honteuses dont le traitement doit être secret ; loin d'y mettre de l'ostentation, il faut éviter les spectateurs et les témoins. Il est d'un pédant et non d'un ami de reprendre en public avec affectation, pour se faire valoir par les fautes d'autrui, comme les charlatans font leurs opérations en plein théâtre pour s'attirer des pratiques. »

PLUTARQUE,
*Sur la manière de distinguer le flatteur de l'ami*

« Nous pardonnons aisément à nos amis les défauts qui ne nous regardent pas. »

La Rochefoucauld, *Maximes*

« Dans l'amitié comme dans l'amour on est souvent plus heureux par les choses qu'on ignore que par celles que l'on sait. »

La Rochefoucauld, *Maximes*

« Les amitiés renouées demandent plus de soins que celles qui n'ont jamais été rompues. »

La Rochefoucauld, *Maximes*

« Il faut être facile à excuser nos amis, quand leurs défauts sont nés avec eux, et qu'ils sont moindres que leurs bonnes qualités ; il faut souvent éviter de leur faire voir qu'on les ait remarqués et qu'on en soit choqué, et on doit essayer de faire en sorte qu'ils puissent s'en apercevoir eux-mêmes, pour leur laisser le mérite de s'en corriger. »

La Rochefoucauld, *Maximes*

« Rien ne flatte autant l'âme qu'une amitié fidèle et tendre. Quelle satisfaction que de rencontrer des cœurs à qui l'on puisse sans danger confier tous les secrets, des consciences que nous redoutons moins que la nôtre, dont la parole apaise nos soucis, dont les conseils éclairent nos décisions, dont la gaieté dissipe notre tristesse, dont la vue soit une joie pour nous ! Naturellement nous les choisirons aussi dénués de passions qu'il sera possible, car le vice est contagieux : dès qu'on l'approche il se gagne, et son contact est funeste. »

Sénèque, *La Vie heureuse*

« Avoir beaucoup d'amis, c'est n'avoir point d'amis. »

Aristote, *Éthique à Eudème*

« Évitons de notre mieux les natures chagrines et gémissantes, qui se saisissent de toutes les occasions pour se plaindre. Si sûr, si dévoué qu'il puisse être, un compagnon d'humeur inquiète et qui geint à tout propos est l'ennemi de notre tranquillité. »

SÉNÈQUE, *La Tranquillité de l'âme*

# 7

# Savoir s'adapter et rester diplomate

*Nous sommes souvent plus exigeants envers les autres que nous ne le sommes envers nous-mêmes et ce travers nous conduit parfois à l'intolérance et à la solitude. Celui qui n'accepte pas les défauts d'autrui n'a pas d'autre solution que de se couper du monde et de vivre seul. Pour ceux qui désirent vivre harmonieusement en compagnie des autres, voici les conseils opportuns de Marc Aurèle, Épictète, Baltasar Gracián, Christine de Suède, Confucius, La Bruyère, Montaigne et Schopenhauer qui invitent tous à la modération dans la franchise. Car on peut souhaiter être sincère en toute circonstance, tout en ménageant la sensibilité d'autrui.*

*Un peu de diplomatie est donc fort appréciable sans pour autant sombrer dans l'excès inverse qu'est l'hypocrisie. Et cette délicatesse tant recherchée dans les rapports humains est résumée dans ce sage proverbe arabe : « Quand tu lances la flèche de la vérité, trempe la pointe dans du miel. »*

« — Te mets-tu en colère contre celui qui sent le bouc ? T'emportes-tu contre celui qui a mauvaise haleine ? Mais que veux-tu qu'il y fasse ? Il a cette bouche, il a ces aisselles, et il est inévitable qu'ainsi fait, il développe de tels effluves.

— Mais l'homme, dit-on, possède la raison et il peut, en y réfléchissant, parvenir à comprendre en quoi il est défectueux.

— Bonne réponse ! Ainsi donc, toi aussi, tu possèdes la raison. Provoque alors, par ta disposition raisonnable, sa disposition raisonnable ; fais-lui comprendre, avertis-le. S'il entend, tu le guériras. Nul besoin de colère. »

MARC AURÈLE, *Pensées*

« Les hommes sont faits les uns pour les autres ; instruis-les donc ou supporte-les. »

MARC AURÈLE, *Pensées*

« Ne savoir pas dissimuler, c'est ne savoir pas vivre. »

Christine de SUÈDE, *Maximes*

Il y a comme une grossièreté et quelque dépravation à dire : « J'ai préféré me comporter franchement avec toi. »

— Homme, que dis-tu là ? On ne doit pas commencer par affirmer cela. La franchise se déclarera d'elle-même. Sa vérité doit s'afficher sur ton front ; ta voix aussi doit l'exprimer ; tes yeux doivent aussitôt la montrer, à l'instar de l'aimé qui connaît aussitôt, dans le regard de ses amants, les sentiments qu'ils éprouvent. En un mot, il faut que l'homme droit et honnête ressemble à l'homme qui sent le bouc, de sorte que quiconque s'approche de lui sente dès l'abord, qu'il le veuille ou non, ce qu'il en est. »

MARC AURÈLE, *Pensées*

« Rien ne demande plus de circonspection que la vérité, car c'est se saigner au cœur que de la dire. Il faut autant d'adresse pour la savoir dire que pour la savoir taire. [...] Toutes les vérités ne se peuvent pas dire : les unes parce qu'elles m'importent, et les autres parce qu'elles importent à autrui. »

GRACIÁN, *L'Homme de cour*

« Savoir jouer de la vérité. Elle est dangereuse, mais pourtant l'homme de bien ne peut pas la laisser dire ; et c'est là qu'il est besoin d'artifice. Les habiles médecins de l'âme ont essayé tous les moyens de l'adoucir, car lorsqu'elle touche au vif, c'est la quintessence de l'amertume. La discrétion développe là toute son adresse : avec une même vérité elle flatte l'un et assomme l'autre. »

GRACIÁN, *L'Homme de cour*

« Ne nous emportons point contre les hommes en voyant leur dureté, leur ingratitude, leur injustice, leur fierté, l'amour d'eux-mêmes, et l'oubli des autres : ils sont ainsi faits, c'est leur nature, c'est ne pouvoir supporter que la pierre tombe ou que le feu s'élève. »

LA BRUYÈRE, *Les Caractères*

« Quand vous rencontrez un homme vertueux, cherchez à l'égaler. Quand vous rencontrez un homme dénué de vertu, examinez vos propres manquements. »

CONFUCIUS, *Entretiens*

« Ne pouvoir supporter tous les mauvais caractères dont le monde est plein n'est pas un fort bon caractère : il faut dans le commerce des pièces d'or et de la monnaie. »

LA BRUYÈRE, *Les Caractères*

« Savoir faire l'ignorant. Quelquefois le plus habile homme joue ce personnage, et il y a des occasions où le meilleur savoir consiste à feindre de ne pas savoir. Il ne faut pas ignorer, mais bien en faire semblant. Il importe peu d'être habile avec les sots et prudent avec les fous. Il faut parler à chacun selon son caractère. L'ignorant n'est pas celui qui le fait, mais celui qui s'y laisse attraper; c'est celui qui l'est, et non pas celui qui le contrefait. L'unique moyen de se faire aimer est de revêtir la peau du plus simple des animaux. »

GRACIÁN, *L'Homme de cour*

« L'on s'accoutume bien à voir de laids visages, on peut donc s'accoutumer aussi à de méchantes humeurs. Il y a des esprits revêches, avec qui ni sans qui l'on ne saurait vivre. C'est donc prudence de s'y accoutumer, comme l'on fait à la laideur, pour n'en être pas surpris ni épouvanté dans l'occasion. La première fois ils font peur, mais l'on s'y fait peu à peu, la réflexion aidant à le tolérer. »

GRACIÁN, *L'Homme de cour*

« Sage celui qui est saint avec les saints, docte avec les doctes, sérieux avec les sérieux, et jovial avec les enjoués. C'est là le moyen de gagner tous les cœurs, la ressemblance étant le lien de la bienveillance. Discerner les esprits, et, par une transformation politique, entrer dans l'humeur et dans le caractère de chacun, c'est un secret absolument nécessaire à ceux qui dépendent d'autrui ; mais il faut pour cela un grand fonds. L'homme universel en connaissance et en expérience a moins de peine à s'y faire. »

GRACIÁN, *L'Homme de cour*

« Toute chose a deux anses : l'une par où on peut la porter, l'autre par où on ne le peut pas. Si ton frère a des torts, ne le prends pas du côté par où il a des torts ; ce serait l'anse par où on ne peut rien porter. Prends-le plutôt par l'autre, te rappelant qu'il est ton frère, qu'il a été nourri avec toi, et tu prendras la chose par où on peut la porter. »

ÉPICTÈTE, *Manuel*

« Il faut chercher seulement à penser et à parler juste, sans vouloir amener les autres à notre goût et à nos sentiments ; c'est une trop grande entreprise. »

LA BRUYÈRE, *Les Caractères*

« Quand on veut vivre parmi les hommes, il faut laisser chacun exister et l'accepter avec l'individualité, quelle quelle soit, qui lui a été départie... Pour apprendre à supporter les hommes, il est bon d'exercer sa patience sur les objets inanimés qui, en vertu d'une nécessité mécanique ou de toute autre nécessité physique, contrarient obstinément notre action... On apprend ensuite à reporter sur les hommes la patience ainsi acquise, et l'on se fait à cette pensée qu'eux aussi, toutes les fois qu'ils nous sont un obstacle, le sont forcément en vertu d'une nécessité naturelle aussi rigoureuse que celle avec laquelle agissent les objets inanimés. Par conséquent, il est aussi insensé de s'indigner de leur conduite que d'une pierre qui vient rouler à ses pieds. »

SCHOPENHAUER, *Aphorismes sur la sagesse dans la vie*

« Lorsqu'on cause avec quelqu'un, on se met toujours à son niveau, puisque tout ce qu'on a au-delà disparaît, et même l'abnégation de soi qu'exige ce nivellement reste parfaitement méconnue… On comprendra également qu'en présence d'imbéciles et de fous il n'y a qu'une seule manière de montrer qu'on a de la raison : c'est de ne pas parler avec eux. »

SCHOPENHAUER, *Aphorismes sur la sagesse dans la vie*

« Ne prenez pas vos cadets à la légère : qui vous dit, en effet, qu'un jour ils ne vous égaleront pas ? Mais si, vers quarante ou cinquante ans, ils n'ont toujours pas fait parler d'eux, il n'y a plus lieu de les prendre au sérieux. »

CONFUCIUS, *Entretiens*

« Il est souvent plus court et plus utile de cadrer aux autres que de faire que les autres s'ajustent à nous. »

LA BRUYÈRE, *Les Caractères*

« Le diplomate, c'est celui qui se rappelle l'anniversaire d'une lady, mais qui oublie son âge. »

*Proverbe anglais*

« Il ne faut pas toujours dire tout, car ce serait sottise ; mais ce qu'on dit, il faut qu'il soit tel qu'on le pense, autrement c'est méchanceté. Je ne sais quelle commodité ils attendent de se feindre et contrefaire sans cesse, si ce n'est de n'en être pas crus lors même qu'ils disent la vérité ; cela peut tromper une fois ou deux les hommes ;

mais de faire profession de se tenir couvert [...] c'est tenir avertis ceux qui ont à les pratiquer, que ce n'est que piperie et mensonge qu'ils disent. »

MONTAIGNE, *Essais*

# 8

# Comment tirer profit de ses ennemis ?

*« Puisqu'il est impossible de ne pas avoir d'ennemi, il faut savoir en tirer profit », déclare Plutarque dans un ouvrage consacré à l'art de tirer parti de ceux qui nous veulent du mal. Mais comment faire ?* A priori, *nous redoutons nos ennemis autant que nous les haïssons, et cherchons donc généralement autant que possible à les éviter. Pourtant, il existe, au dire de Plutarque, une façon de les utiliser pour notre propre bien. Sa théorie, fondée sur l'observation des comportements humains et sa propre expérience, consiste à penser que notre ennemi nous sert, par ses vilenies, à constater nos propres défauts. Et pour ne pas lui laisser le plaisir de nous prendre en faute, de les corriger et d'être parfaitement irréprochable avant même qu'il ait eu le temps de déceler en nous le moindre détail qui cloche. Ménageons donc nos ennemis puisqu'ils sont utiles à notre autocritique !*

« Le feu brûle quand on y touche, mais il procure lumière et chaleur, et c'est un instrument fort utile à beaucoup de choses, pourvu qu'on en sache bien user. Considérons de même l'ennemi qui est plutôt malfaisant et difficile à manier : n'aurait-il pas quelque endroit par lequel on pourrait le toucher, et en tirer quelque profit ? »

PLUTARQUE, *Comment tirer profit de ses ennemis*

« Il me semble que ce qui est le plus dommageable dans l'inimitié peut devenir le plus profitable, à qui voudra bien y prendre garde. Et comment cela ? C'est que ton ennemi veille continuellement à épier toutes tes actions, et fait le guet autour de ta vie, cherchant toujours le moyen de te surprendre pour avoir prise sur toi. [...] Les maladies, les dettes, les mariages désunis ont moins de secrets pour ceux qu'ils touchent que pour leurs ennemis. Tout comme les vautours sont attirés par les charognes putrides, mais n'ont aucune attirance pour les corps sains et entiers, de même les parties de notre vie qui sont malsaines, mauvaises et gâtées, sont celles qui émeuvent le plus notre ennemi. Et c'est justement cela qui nous profite en nous contraignant à vivre en prenant garde de ne rien faire ou de ne rien dire imprudemment. Cette précaution, en réprimant les violentes passions de notre âme, engendre une accoutumance et une volonté de vivre honnêtement et irréprochablement. »

PLUTARQUE, *Comment tirer profit de ses ennemis*

« Si tu veux faire du tort à celui qui te hait, ne le traite pas de bougre, de paillard, de bouffon ou d'avaricieux, mais comporte-toi en homme de bien, sois courtois et juste envers celui à qui tu as affaire. Et si, d'aventure, une injure t'échappe à son égard, fais bien attention de ne pas approcher les vices que tu lui reproches en l'insultant. Et ne t'expose pas toi-même à ce qu'il te réponde par ce vers extrait d'une tragédie : "Tout ulcéré lui-même, il veut guérir les autres !" »

PLUTARQUE, *Comment tirer profit de ses ennemis*

« Une fois accoutumé à supporter les médisances et les injures de ton ennemi, sans réagir, tu supporteras facilement le courroux de ta femme, les paroles amères d'un ami ou d'un frère. S'il advient que père ou mère te tancent, tu le supporteras aisément sans te mettre en colère. »

PLUTARQUE, *Comment tirer profit de ses ennemis*

« Il ne faut point être chiche de louange et d'honneur à l'endroit de son ennemi quand il le mérite, car cela rapporte plus de mérite à celui qui fait les louanges. S'il advient au contraire qu'on le blâme, l'accusation aura plus de poids si elle est portée sans haine, mais qu'elle exprime calmement la réprobation de son acte. Mais ce qui est encore plus beau et plus utile que cela, c'est qu'en s'habituant à louer nos ennemis, à n'être jamais aigri à la vue de leur réussite, nous échapperons à ce vilain vice qui consiste à envier le succès de nos amis. Y a-t-il meilleur exercice au monde pour doter notre âme d'une disposition meilleure, que celui qui ôte cette émulation perverse qu'est la jalousie ? »

PLUTARQUE, *Comment tirer profit de ses ennemis*

« Toutes les choses se doivent prendre non par le tranchant, ce qui blesserait, mais par la poignée, qui est le moyen de se défendre ; à plus forte raison l'envie. Le sage tire plus de profit de ses ennemis que le fou n'en tire de ses amis. Les envieux servent d'aiguillon au sage à surmonter mille difficultés, au lieu que les flatteurs en détournent souvent. Plusieurs sont redevables de leur fortune à leurs envieux. La flatterie est plus cruelle que la haine, d'autant qu'elle pallie des défauts où celle-ci fait remédier. Le sage se fait de la haine de ses envieux un miroir où il se voit bien mieux que dans celui de la bienveillance. Ce miroir lui sert à corriger ses défauts et, par conséquent, à prévenir la médisance, car on se tient fort sur ses gardes quand on a des rivaux ou des ennemis pour voisins. »

GRACIÁN, *L'Homme de cour*

« Il est bon de varier, pour frustrer la curiosité, surtout celle de vos envieux. Car, s'ils viennent à remarquer l'uniformité de vos actions, ils préviendront et, par conséquent, ils feront avorter vos entreprises. Il est aisé de tuer l'oiseau qui vole droit, mais non pas celui qui n'a point de vol réglé. Il ne faut pas aussi toujours ruser, car, au second coup, la ruse serait découverte. La malice est aux aguets, il faut beaucoup d'adresse pour se défaire d'elle. Le fin joueur ne joue jamais la carte qu'attend son adversaire. »

GRACIÁN, *L'Homme de cour*

« Les hommes doués, mais nonchalants, auront toujours l'air un peu irrités lorsque l'un de leurs amis aura achevé un ouvrage important. Leur jalousie s'éveille, ils ont honte de leur paresse – ou plutôt redoutent que l'homme actif ne les méprise à ce moment-là plus encore que d'ordinaire. C'est dans cette disposition d'esprit qu'ils critiquent l'œuvre nouvelle – et leur critique se transforme en vengeance, au grand étonnement de l'auteur. »

NIETZSCHE, *Humain, trop humain*

« Combien de gens vous étouffent de caresses dans le particulier, vous aiment et vous estiment, qui sont embarrassés de vous dans le public, et qui, au lever ou à la messe, évitent vos yeux et votre rencontre ! Il n'y a qu'un petit nombre de courtisans qui, par grandeur, ou par confiance qu'ils ont d'eux-mêmes, osent honorer devant le monde le mérite qui est seul et dénué de grands établissements. »

LA BRUYÈRE, *Les Caractères*

« C'est le fait d'un homme sage de tirer profit de ses ennemis. »

XÉNOPHON

**La vengeance tranquille**

« On veut à tout prix se venger d'un adversaire, il faut attendre d'avoir entre les mains nombre de vérités et d'arguments dont on pourra froidement se servir contre lui, si bien que se venger équivaut à faire justice. C'est le genre de vengeance le plus épouvantable, car il n'existe, au-dessus d'elle, aucune instance à qui faire appel. »

NIETZSCHE, *Humain, trop humain*

« Vis aujourd'hui avec tes amis comme avec ceux qui peuvent être demain tes pires ennemis. Puisque cela se voit par l'expérience, il est bien juste de donner dans la prévention. [...] À l'égard de tes ennemis, laisse toujours une porte ouverte à la réconciliation, c'est-à-dire celle de la galanterie, qui est la plus sûre. Quelquefois la vengeance d'auparavant a été la cause du regret d'après, et le plaisir pris à faire du mal s'est tourné en déplaisir de l'avoir fait. »

GRACIÁN, *L'Homme de cour*

« Il y existe tant de subtiles manières de se venger que celui qui en aurait le motif pourrait en somme agir comme il lui plairait : tout le monde sera d'accord au bout d'un certain temps pour dire qu'il s'est vengé. La passivité qui consiste à ne pas se venger ne dépend donc pas du bon vouloir d'un homme : celui-ci n'a même pas à exprimer son choix de ne pas se venger, le mépris de la vengeance étant interprété et considéré comme une vengeance extrême et très sensible. – D'où il résulte qu'il ne faut rien faire de superflu. »

NIETZSCHE, *Humain, trop humain*

# 9

# De l'usage de la politesse et des règles de la bienséance

*Dans toute société il existe des codes, des signes, des manières de parler ou d'agir qui font référence à une culture et à une éducation communes. Déroger aux obligations que ce langage codé impose peut avoir des conséquences sur la tranquillité de nos rapports avec autrui. Aussi, en connaissant l'importance des règles de savoir-vivre et des formules de politesse qui nous identifient et permettent aux autres de nous situer dans la société, il est difficile de faire semblant de les ignorer. Certaines des citations suivantes prêtent à rire tant les obligations qu'imposait, par exemple, la société grecque dans laquelle Épictète évoluait n'ont presque plus rien de commun avec celles qui sont les nôtres aujourd'hui. Mais nous constaterons, dans d'autres réflexions, de nombreuses similitudes avec nos obligations actuelles envers autrui.*

« Plus les sentiments sont distants, plus les politesses sont nombreuses. »

*Proverbe chinois*

## De la nécessité d'être poli

« Il y a un certain nombre de phrases toutes faites, que l'on prend comme dans un magasin et dont l'on se sert pour se féliciter les uns les autres sur les événements. Bien qu'elles se disent souvent sans affection, et qu'elles soient reçues sans reconnaissance, il n'est pas permis avec cela de les omettre, parce que du moins elles sont l'image de ce qu'il y a au monde de meilleur, qui est l'amitié, et que les hommes, ne pouvant guère compter les uns sur les autres pour la réalité, semblent être convenus entre eux de se contenter des apparences. »

LA BRUYÈRE, *Les Caractères*

« Éviter le trop de familiarité dans la conversation. Il n'est à propos ni de la pratiquer ni de la souffrir. Celui qui se familiarise perd aussitôt la supériorité que lui donnait son air sérieux, et, par conséquent, son crédit. »

GRACIÁN, *L'Homme de cour*

« Avec de la vertu, de la capacité et une bonne conduite, l'on peut être insupportable. Les manières, que l'on néglige souvent comme de petites choses, sont souvent ce qui fait que les hommes décident de vous en bien ou en mal : une légère attention à les avoir douces et polies prévient leurs mauvais jugements. Il ne faut presque rien pour être cru fier, incivil, méprisant, désobligeant : il faut encore moins pour être estimé tout le contraire. »

LA BRUYÈRE, *Les Caractères*

« Ce n'est pas assez que la substance, il y faut aussi la circonstance. Une mauvaise manière gâte tout, elle défigure même la justice et la raison. Au contraire, une belle manière supplée à tout, elle dore le refus, elle adoucit ce qu'il y a d'aigre dans la vérité ; elle ôte les rides à la vieillesse. Le comment fait beaucoup en toutes choses. Une manière dégagée enchante les esprits et fait tout l'ornement de la vie. »

GRACIÁN, *L'Homme de cour*

« C'est le rôle d'un sot d'être importun : un homme habile sent s'il convient ou s'il ennuie ; il sait disparaître le moment qui précède celui où il serait de trop quelque part. »

LA BRUYÈRE, *Les Caractères*

« L'impolitesse est souvent l'indice d'une modestie maladroite, déstabilisée lorsqu'elle est surprise et cherchant à cacher son trouble par de la grossièreté. »

NIETZSCHE, *Humain, trop humain*

« La politesse est à l'esprit ce que la grâce est au visage. »

VOLTAIRE, *Stances*

« Il y a un air qui convient à la figure et aux talents de chaque personne ; on le perd toujours quand on le quitte pour en prendre un autre. Il faut essayer de connaître celui qui nous est naturel, n'en point sortir, et le perfectionner autant qu'il nous est possible. »

LA ROCHEFOUCAULD, *Maximes*

« On ne parle pas de toutes choses sur un même ton et avec les mêmes manières ; on ne marche pas à la tête d'un régiment comme on marche en se promenant. Mais il faut qu'un même air fasse dire naturellement des choses différentes, et qu'il nous fasse marcher différemment mais toujours naturellement, et comme il convient de marcher à la tête d'un régiment et à une promenade. »

LA ROCHEFOUCAULD, *Maximes*

« Il est nécessaire d'observer que toute sorte de conversation, quelque honnête et quelque spirituelle qu'elle soit, n'est pas également propre à toute sorte d'honnêtes gens ; il faut choisir ce qui convient à chacun, et choisir même le temps de le dire ; mais s'il y a beaucoup d'art à parler, il n'y en a pas moins à se taire. Il y a un silence éloquent : il sert quelquefois à approuver et à condamner ; il y a un silence moqueur ; il y a un silence respectueux ; il y a des airs, des tours et des manières qui font souvent ce qu'il y a d'agréable ou de désagréable, de délicat ou de choquant dans la conversation. Le secret de s'en bien servir est donné à peu de personnes ; ceux-mêmes qui en font des règles s'y méprennent quelquefois ; la plus sûre, à mon avis, c'est de n'en point avoir qu'on ne puisse changer, de laisser plutôt voir des négligences dans ce qu'on dit que de l'affectation, d'écouter, de ne parler guère, et de ne se forcer jamais à parler. »

LA ROCHEFOUCAULD, *Maximes*

« Un autre genre d'inquiétude qui n'est pas négligeable vient du souci que l'on a à se déguiser et à ne jamais se laisser découvrir tel qu'on est : c'est le cas de nombreuses gens dont la vie n'est qu'hypocrisie et comédie. Quel tourment que cette surveillance constante de soi-même, que cette peur d'être surpris dans un autre rôle que celui qu'on joue ! Et cette préoccupation ne nous quitte plus, dès l'instant que nous imaginons qu'on nous juge à chaque regard qu'on nous jette. Car mille péripéties peuvent se produire pour nous démasquer malgré nous, et, quand bien même nous serions toujours sur nos gardes, quel agrément, quelle sécurité pourrait offrir une existence tout entière passée derrière un masque ? »

SÉNÈQUE, *La Tranquillité de l'âme*

« On ne vous en voudra jamais d'être trop poli. »

*Proverbe chinois*

« Si c'est une grande science que de savoir refuser des grâces, c'en est une plus grande de se savoir refuser à soi-même, aux affaires, et aux visites. Il y a des occupations importunes qui rongent le temps le plus précieux. Il vaut mieux ne rien faire que de s'occuper mal à propos. Il ne suffit pas, pour être homme prudent, de ne point faire d'intrigues ; mais il faut encore éviter d'y être mêlé. Il ne faut pas être si fort à chacun que l'on ne soit plus à soi-même. On ne doit point abuser de ses amis, ni rien exiger d'eux au-delà de ce qu'ils accordent volontiers. Tout ce qui est excessif est vicieux, surtout dans la conversation, et l'on ne saurait se conserver l'estime et la bienveillance des gens sans ce tempérament, d'où dépend la bienséance. Il faut mettre toute sa liberté à si bien choisir que l'on ne pèche jamais contre le bon goût. »

GRACIÁN, *L'Homme de cour*

## Quelques règles de politesse pour préserver sa tranquillité

« Sois le plus souvent silencieux. Ne dis que ce qui est nécessaire, et en peu de mots. S'il arrive, rarement toutefois, que s'offre l'occasion de parler, parle, mais que ce ne soit point des premières choses venues. [...]

— Ne ris pas beaucoup, ni de beaucoup de choses, ni sans retenue. [...]

— Décline les repas extérieurs et ceux des gens vulgaires. Si l'occasion l'exige, que ton attention vise à ne jamais tomber en des façons vulgaires. Sache, en effet, que, si ton voisin se salit, tu ne peux pas te frotter à lui sans nécessairement te salir, quelque propre que tu sois toi-même. [...]

— Si l'on vient te dire qu'un tel a mal parlé de toi, ne te justifie pas sur ce qu'on te rapporte, mais réponds : "Il faut qu'il ignore tous les autres défauts qui sont en moi pour ne parler que de ceux-là seuls qui lui sont connus."

— Lorsque tu te rends chez un homme d'influence puissante, représente-toi que tu ne le trouveras point chez lui, qu'on ne t'ouvrira pas, que les portes sur toi se refermeront bruyamment, qu'il ne prendra aucun souci de toi. Et si, après cela, ton devoir est d'y aller, vas-y et supporte ce qui doit arriver, et ne dis jamais en toi-même : "Ce n'était pas la peine." Cette réflexion est d'un homme vulgaire, et qui se récrie contre les choses extérieures.

— Dans les conversations, évite de rappeler souvent et sans mesure tes actions et les dangers courus. S'il t'est agréable, en effet, de te rappeler les dangers que tu as traversés, il n'est pas également agréable à autrui de t'entendre dire ce qui t'est survenu.

— Évite aussi de chercher à faire rire. C'est une façon de glisser dans la vulgarité, et à la fois un suffisant moyen de relâcher le respect que tes voisins ont pour toi.

— Il est dangereux aussi de se laisser aller à tenir des propos obscènes. Quand il survient quoi que ce soit de pareil, si l'occasion en est bonne, gourmande celui qui se le permet. Si elle ne l'est pas, témoigne ouvertement par ton silence, ta rougeur, ton air attristé, que ces propos te déplaisent. »

ÉPICTÈTE, *Manuel*

« Il ne faut pas qu'un honnête homme occupe un temps considérable ni à son manger ni à son ajustement ; un quart d'heure suffit pour cela dans les vingt-quatre heures. Pour le repos, trois fois plus, quelquefois moins, selon la complexion et les affaires. »

Christine de SUÈDE, *Maximes*

« Il ne faut jamais trop éplucher les choses, surtout celles qui ne sont guère agréables, car, bien qu'il soit utile de tout remarquer en passant, il n'en est pas de même de vouloir expressément tout approfondir. Pour l'ordinaire, il faut procéder avec un dégagement cavalier, ce qui fait partie de la galanterie. Dissimuler est le principal moyen de gouverner. Il est bon de laisser passer quantité de choses qui surviennent dans le commerce de la vie. »

GRACIÁN, *L'Homme de cour*

« Il y a parler bien, parler aisément, parler juste, parler à propos ; c'est pécher contre ce dernier genre que de s'étendre sur un repas magnifique que l'on vient de faire, devant des gens qui sont réduits à épargner leur pain ; de dire merveilles de sa santé devant des infirmes ; d'entretenir de ses richesses, de ses revenus, de ses ameublements un homme qui n'a ni rentes ni domicile ; en un mot, parler de son bonheur devant des misérables : cette conversation est trop forte pour eux, et la comparaison qu'ils font alors de leur état au vôtre est odieuse. »

LA BRUYÈRE, *Les Caractères*

« Les plus grandes choses n'ont besoin que d'être dites simplement : elles se gâtent par l'emphase. Il faut dire noblement les plus petites : elles ne se soutiennent que par l'expression, le ton et la manière. »

LA BRUYÈRE, *Les Caractères*

« C'est magnanimité que supporter avec calme le manque de tact. »

DÉMOCRITE, *Fragments*

« En compagnie d'un gentilhomme, il faut se garder de trois fautes : parler sans y être invité, ce qui est une impertinence ; ne pas parler quand on y est invité, ce qui est de la dissimulation ; parler sans observer les réactions de l'autre, ce qui est de l'aveuglement. »

CONFUCIUS, *Entretiens*

« Dans les repas ou les fêtes que l'on donne aux autres, dans les présents qu'on leur fait, et dans tous les plaisirs qu'on leur procure, il y a faire bien, et faire selon leur goût : le dernier est préférable. »

LA BRUYÈRE, *Les Caractères*

« Du vivant de vos parents, n'entreprenez pas de longs voyages. Ou, si vous voyagez, vous devez laisser une adresse. »

CONFUCIUS, *Entretiens*

# 10

# L'art de converser sans se mettre à nu

*Le dialogue est la base de toute relation humaine. Il est ce moment privilégié au cours duquel des vies se jouent, il est un échange, un face-à-face qui en dit long sur ses deux protagonistes : ils y apprennent à se connaître, ils se découvrent des points communs, ils se lient d'amitié, ou alors se disputent, trahissent un secret, mentent effrontément et décident de ne plus se voir. À chacun de ces dialogues correspond un ton adéquat. Dans cette partie, cinq aspects du dialogue sont passés au peigne fin : avoir raison, discuter, bavarder, savoir se taire et mensonge et secrets.*

*C'est Schopenhauer qui entame le sujet avec son traité consacré à l'art d'avoir toujours raison. Il y donne une liste de stratagèmes dans lesquels il encourage même la mauvaise foi, puisque, dit-il en substance, l'essentiel est de ne jamais perdre la face devant son « adversaire ». Concernant le bavardage, Plutarque met en garde contre les conséquences d'une diarrhée verbale, et enjoint à ses disciples de tenir leur langue en toute circonstance. Savoir se taire est un sujet de préoccupation généralisé chez les philosophes, qui recommandent en chœur le silence comme remède à bien des maux. Pour terminer, on trouvera une liste de châtiments à infliger aux menteurs et à ceux qui ne savent pas garder un secret.*

## Avoir raison

« Si l'on convient auprès d'une femme qu'elle a raison, celle-ci ne peut pas s'empêcher de mettre encore triomphalement le talon sur la nuque de celui qui a reconnu son erreur, il lui faut jouir de sa victoire jusqu'au bout ; tandis que, d'homme à homme, on a généralement honte, dans un pareil cas, d'avoir raison. »

NIETZSCHE, *Humain, trop humain*

« Même quand l'argument de l'adversaire semble juste et concluant, nous devons l'attaquer, certains que sa justesse n'est qu'apparente et qu'au cours de la controverse nous trouverons un argument qui viendra le renverser ou confirmer notre vérité d'une façon ou d'une autre. Ainsi, nous sommes quasi obligés d'être malhonnêtes lors de la controverse, ou tout du moins légèrement tentés de l'être. [...] Il en résulte qu'en règle générale celui qui débat ne se bat pas pour la vérité, mais pour sa thèse. [...] Chacun cherchera donc généralement à faire triompher sa proposition, même lorsqu'elle lui paraît pour le moment fausse ou douteuse. »

SCHOPENHAUER, *L'Art d'avoir toujours raison*

« Il arrive souvent que, bien que l'on ait raison, on se laisse confondre ou réfuter par une argumentation spécieuse, ou inversement ; et celui qui sort vainqueur du débat doit bien souvent sa victoire non pas tant à la justesse de son jugement quand il soutient sa thèse, qu'à l'astuce et à l'adresse avec lesquelles il l'a défendue. »

SCHOPENHAUER, *L'Art d'avoir toujours raison*

### *Trois stratagèmes de Schopenhauer pour imposer tranquillement son point de vue*

« Si l'on espère parvenir à une conclusion, il ne faut pas la laisser envisager, mais obtenir sans en avoir l'air l'approbation de ses prémices, en les mêlant habilement à la conversation, pour ne pas laisser son adversaire tenter toutes sortes de manœuvres. »

« Une audacieuse astuce consiste, quand l'interlocuteur a répondu à plusieurs questions sans que ses réponses tournent au profit de la conclusion envisagée par nous, à prétendre que la déduction que l'on voulait faire accepter par cette controverse, bien qu'elle n'en résulte aucunement, n'en est pas moins démontrée, et à le proclamer triomphalement. Si l'adversaire est craintif ou idiot et qu'on est soi-même d'une grande audace et doté d'une bonne voix, on a de bonnes chances de succès. »

« Si l'adversaire nous somme expressément de répliquer à un quelconque point de son argumentation, et que, sur ce point, nous manquons de repartie, il faut se lancer dans un débat général et le contrer sur ces mêmes arguments généraux. »

SCHOPENHAUER, *L'Art d'avoir toujours raison*

**L'art de la controverse**

« Dans la recherche commune des arguments, celui qui est vaincu a gagné davantage, à proportion de ce qu'il vient d'apprendre. »

ÉPICURE, *Sentences vaticanes*

« Sans principes communs, ce n'est pas la peine de discuter. »

CONFUCIUS, *Entretiens*

« Tous les sots sont opiniâtres, et tous les opiniâtres sont des sots. Plus leurs sentiments sont erronés, moins ils en démordent. Dans les choses même où l'on a plus de raison et de certitude, c'est chose honnête de céder, car alors personne n'ignore qui avait la raison ; et l'on voit aussi qu'outre la raison la galanterie en est encore.

Il se perd plus d'estime par une défense opiniâtre qu'il ne s'en gagne à l'emporter de vive force, car ce n'est pas là défendre la vérité, mais plutôt montrer sa rusticité. Il y a des têtes de fer très difficiles à convaincre, et qui vont toujours à quelque extrémité incurable; et quand une fois le caprice se joint à leur entêtement, ils font une alliance indissoluble avec l'extravagance. L'inflexibilité doit être dans la volonté, non dans le jugement – bien qu'il y ait des cas d'exception, où il ne faut pas se laisser gagner, ni vaincre doublement, c'est-à-dire dans la raison et dans l'exécution. »

GRACIÁN, *L'Homme de cour*

« Laisser contredire sans dire. Il faut distinguer quand la contradiction vient de finesse ou de rusticité, car ce n'est pas toujours une opiniâtreté, quelquefois c'est un artifice. Prends donc garde à ne pas t'engager dans l'une, ni laisser dans l'autre. »

GRACIÁN, *L'Homme de cour*

## La bonne mesure du bavardage

« Celui qui parle beaucoup est souvent réduit au silence. »

LAO-TSEU, *Tao-tö-king*

« Dans la manière de s'expliquer, on doit éviter de parler trop clairement; et, dans la conversation, il ne faut pas toujours parler à cœur ouvert. Le silence est le sanctuaire de la prudence. Une résolution déclarée ne fut jamais estimée. Celui qui se déclare s'expose à la censure et, s'il ne réussit pas, il est doublement malheureux. »

GRACIÁN, *L'Homme de cour*

« Parmi les maladies de l'âme, les unes sont dangereuses, d'autres odieuses, et d'autres encore sujettes à la moquerie ; mais ces maux adviennent tous ensemble aux bavards : ils sont haïs car ils apportent toujours de mauvaises nouvelles, ils sont en danger car ils ne peuvent taire leurs propres secrets. »

PLUTARQUE, *Le Bavardage*

« Si nous disons tout cela, ce n'est pas seulement pour accuser le vice de trop parler, mais aussi pour le guérir. Nous surmontons les vices et les passions de l'âme par le jugement dont nous sommes capables de faire preuve. Mais pour arracher les vices de son âme, il faut les avoir en haine. Et nous commençons à les haïr quand nous éprouvons la honte et le dommage qu'ils causent, tout comme nous savons maintenant que les beaux parleurs, qui veulent se faire aimer par leur bavardage, finissent au contraire par s'attirer la haine d'autrui. Leurs plaisanteries déplaisent et, au lieu d'être estimés, ils sont moqués. Ils nuisent à leurs amis, aident leurs ennemis et se ruinent eux-mêmes. C'est pourquoi la première recette pour corriger ce vice consiste à considérer les inconvénients et les malheurs qui découlent du bavardage. La seconde, c'est de savoir se retenir de parler, écouter, et avoir toujours à l'esprit l'image majestueuse du silence. Il ne faut jamais oublier combien on aime et on estime ceux qui parlent peu et à propos, et qui en peu de paroles embrassent beaucoup de substance, au contraire de ces grands causeurs qui babillent à langue débridée. »

PLUTARQUE, *Le Bavardage*

« L'on parle impétueusement dans les entretiens, souvent par vanité ou par humeur, rarement avec assez d'attention : tout occupé du désir de répondre à ce qu'on n'écoute point, l'on suit ses idées, et on les explique sans le moindre égard pour les raisonnements d'autrui ; l'on est bien éloigné de trouver ensemble la vérité, l'on n'est pas encore convenu de celle que l'on cherche. Qui pourrait écouter toutes ces sortes de conversations et les écrire, ferait voir quelquefois de bonnes choses qui n'ont nulle suite. »

LA BRUYÈRE, *Les Caractères*

« Ce qui fait que si peu de personnes sont agréables dans la conversation, c'est que chacun songe plus à ce qu'il veut dire qu'à ce que les autres disent. Il faut écouter ceux qui parlent, si on veut en être écouté ; il faut leur laisser la liberté de se faire entendre, et même de dire des choses inutiles. Au lieu de les contredire ou de les interrompre, comme on fait souvent, on doit, au contraire, entrer dans leur esprit et dans leur goût, montrer qu'on les entend, leur parler de ce qui les touche, ou louer ce qu'ils disent autant qu'il mérite d'être loué, et faire voir que c'est plus par choix qu'on le loue que par complaisance. Il faut éviter de contester sur des choses indifférentes, faire rarement des questions inutiles, ne laisser jamais croire qu'on prétend avoir plus de raison que les autres, et céder aisément l'avantage de décider. »

LA ROCHEFOUCAULD, *Maximes*

« On ne doit jamais parler avec des airs d'autorité, ni se servir de paroles et de termes plus grands que les choses. On peut conserver ses opinions, si elles sont raisonnables ; mais, en les conservant, il ne faut jamais blesser les sentiments des autres, ni paraître choqué de ce qu'ils ont dit. Il est dangereux de vouloir être toujours le maître de la conversation, et de parler trop souvent d'une même chose ; on doit entrer indifféremment sur tous les sujets agréables qui se présentent, et ne faire jamais voir qu'on veut entraîner la conversation sur ce qu'on a envie de dire. »

LA ROCHEFOUCAULD, *Maximes*

« La conversation familière doit servir d'école d'érudition et de politesse. De ses amis, il en faut faire ses maîtres, assaisonnant le plaisir de converser, de l'utilité d'apprendre. Entre les gens d'esprit la jouissance est réciproque. Ceux qui parlent sont payés de l'applaudissement qu'on donne à ce qu'ils disent; et ceux qui écoutent, du profit qu'ils en reçoivent. Notre intérêt propre nous porte à converser. »

GRACIÁN, *L'Homme de cour*

**Savoir se taire**

« Jamais parole dite n'a autant profité que plusieurs autres tues. D'autant que l'on peut bien toujours dire ce que l'on a tu, mais non plus rattraper ce que l'on a dit et qui s'est déjà répandu partout. »

PLUTARQUE, *Le Bavardage*

« L'on se repent rarement de parler peu, très souvent de trop parler : maxime usée et triviale que tout le monde sait, et que tout le monde ne pratique pas. »

LA BRUYÈRE, *Les Caractères*

« Le silence est le remède à tous les maux. »

*Talmud*

« Dans une bouche close, il n'entre point de mouche. »

*Proverbe arabe*

« Contredire et bavarder sans répit, c'est se montrer naturellement incapable d'apprendre ce qu'il faut. »

DÉMOCRITE, *Fragments*

« La langue est une bête sauvage qu'il est très difficile de remettre à la chaîne, quand une fois elle est échappée. C'est le pouls par où les sages connaissent la disposition de l'âme; c'est là que les personnes intelligentes tâtent le mouvement du cœur. »

GRACIÁN, *L'Homme de cour*

« Les occasions de se taire et celles de parler se présentent en nombre égal, mais nous préférons souvent la fugitive satisfaction que procurent les dernières au profit durable que nous tirons des premières. »

SCHOPENHAUER,
*Aphorismes sur la sagesse dans la vie*

**Secrets et mensonges**

« Quand vous soupçonnez quelqu'un de mentir, feignez la crédulité ; alors il devient effronté, ment plus fort, on le démasque. Si vous remarquez au contraire qu'une vérité qu'il voudrait dissimuler lui échappe en partie, faites l'incrédule, afin que, provoqué par la contradiction, il fasse avancer toute la réserve, et la vérité apparaîtra entièrement. »

SCHOPENHAUER,
*Aphorismes sur la sagesse dans la vie*

« Les menteurs ne gagnent qu'une chose, c'est de ne pas être crus, même lorsqu'ils disent la vérité. »

ÉSOPE, *Fables*

« Quoique les personnes n'aient point d'intérêt à ce qu'elles disent, il ne faut pas conclure qu'elles ne mentent point : car il y a des gens qui mentent simplement pour mentir. »

PASCAL, *Pensées*

« Considérons toutes nos affaires personnelles comme des secrets ; au-delà de ce que les bonnes connaissances voient de leurs propres yeux, il faut leur rester entièrement inconnu. Car ce qu'elles sauraient touchant les choses les plus innocentes peut, en même temps et lieu, nous être funeste. De toute façon, il vaut mieux manifester sa raison par tout ce que l'on tait que par ce qu'on dit. »

SCHOPENHAUER,
*Aphorismes sur la sagesse dans la vie*

« Des gens vous promettent le secret et ils le révèlent eux-mêmes, et à leur insu ; ils ne remuent pas les lèvres, et on les entend ; on lit sur leur front et dans leurs yeux, on voit au travers de leur poitrine, ils sont transparents. D'autres ne disent pas précisément une chose qui leur a été confiée ; mais ils parlent et agissent de manière qu'on la découvre de soi-même. Enfin, quelques-uns méprisent votre secret [...] et ils le disent. Toute révélation d'un secret est la faute de celui qui l'a confié. »

LA BRUYÈRE, *Les Caractères*

« La curiosité va de pair avec le bavardage. Les bavards aiment écouter tout ce qui se dit, pour pouvoir raconter à leur tour beaucoup de choses, y compris les plus secrètes. Voilà pourquoi ils vont partout, furetant à droite à gauche, toujours à l'affût de quelque secret bien caché pouvant nourrir leur babillage. Ils sont semblables aux petits enfants qui ne veulent lâcher le morceau de glace qu'ils ont dans la main tout en ne pouvant le tenir. Ou, pour mieux dire, ils cachent en leur sein et embrassent les secrets comme des serpents qu'ils pourraient difficilement retenir. Loin de rester dans leur bouche, les secrets leur dévorent la langue. On dit des anguilles de mer et des vipères qu'elles éclatent au moment où elles enfantent : de même les secrets, en sortant de la bouche de ceux qui ne peuvent les garder, perdent et ruinent ceux qui les ont révélés. »

PLUTARQUE, *Le Bavardage*

« Comment oseras-tu franchement blâmer et reprendre celui qui n'aura pas tenu le secret que tu lui as confié ? Car s'il ne fallait qu'il soit divulgué, pourquoi l'as-tu toi-même découvert ? Si, trahissant toi-même ton secret, tu veux le confier à un autre que toi, cela signifie que tu as plus confiance en autrui qu'en toi-même. Et si cet autre est semblable à toi, tu seras perdu à bon droit ; s'il est meilleur, tu échapperas contre toute attente à la trahison de ton secret, car tu auras affaire à quelqu'un de plus loyal que toi-même. »

PLUTARQUE, *Le Bavardage*

« Ce sont parfois nos plus récentes connaissances qui apprennent en premier ce que nous avons longtemps gardé en secret ; à tort nous croyons que cette preuve de confiance que nous leur donnons est le lien le plus fort par lequel nous puissions nous les attacher. – Mais nous ne leur en avons pas assez dit pour qu'ils réalisent la portée du sacrifice que nous leur faisons par nos confidences, et ils divulguent nos secrets sans songer à la trahison : ce qui nous conduira peut-être à la perte de connaissances beaucoup plus anciennes. »

NIETZSCHE, *Humain, trop humain*

« Si vous voulez que l'on garde votre secret, le plus sûr est de le garder vous-même. »

SÉNÈQUE, *La Tranquillité de l'âme*

« Tu dis ton secret à ton ami, mais ton ami a un ami aussi. »

*Proverbe turc*

# 11

## L'opinion d'autrui : s'en moquer ou en tenir compte, mais ne pas s'en attrister

*Il est inévitable d'être un jour confronté à l'opinion que les autres se font de nous. Tantôt douloureuses, tantôt riches d'enseignement sur notre propre personne et sur la façon dont on nous perçoit, les critiques ont presque toujours un fond de vérité. Ce serait parfaitement vaniteux que de se croire exempt de défauts. Dans ces conditions, pourquoi ne pas accepter le jugement d'autrui sur notre comportement, pourquoi refuser systématiquement des conseils ou des remarques qui viennent à propos ? Rendons-nous à l'évidence. Quand elles viennent d'individus qui nous veulent du bien, on peut presque toujours mettre les critiques que l'on nous fait à profit. Quand, dans le cas contraire, ce ne sont que des ragots et des méchancetés gratuites qu'on veut faire circuler à notre sujet, ne les laissons pas même pénétrer nos oreilles.*

« Si tous les hommes savaient ce qu'ils disent les uns des autres, il n'y aurait pas quatre amis dans le monde. »

PASCAL, *Pensées*

« C'est beaucoup d'être admiré, mais c'est encore plus d'être aimé. La bonne étoile y contribue pour quelque chose, mais l'industrie pour tout le reste ; celle-ci achève ce que l'autre ne fait que commencer. Un éminent mérite ne suffit pas, bien que véritablement il soit aisé de gagner l'affection, dès que l'on a gagné l'estime. Pour être aimé, il faut aimer, il faut être bienfaisant. »

GRACIÁN, *L'Homme de cour*

« L'on me dit tant de mal de cet homme, et j'y en vois si peu, que je commence à soupçonner qu'il n'ait un mérite qui éteigne celui des autres. »

LA BRUYÈRE, *Les Caractères*

« Ce n'est pas un malheur d'être méconnu des hommes, mais c'est un malheur de les méconnaître. »

CONFUCIUS, *Entretiens*

« Il est parfaitement monstrueux de s'apercevoir que les gens disent dans notre dos des choses qui sont absolument et entièrement vraies. »

WILDE, *Aphorismes*

« Avoir beaucoup d'esprit conserve la jeunesse : mais ceci implique qu'il faut alors supporter de passer pour plus vieux qu'on est. Car les humains lisent les traits inscrits par l'esprit comme si c'étaient des traces d'expérience de la vie, c'est-à-dire de ce qu'on a beaucoup et mal vécu et souffert, de ce qu'on a fait fausse route avant de reprendre le droit chemin. Donc : lorsqu'on a beaucoup d'esprit et qu'on le montre, on passe auprès des autres pour plus vieux, mais aussi pour pire qu'on est. »

NIETZSCHE, *Humain, trop humain*

« Si les insectes piquent, ce n'est pas par méchanceté, mais parce qu'eux aussi veulent vivre : il en est de même des critiques ; ils veulent notre sang, non pas notre douleur. »

NIETZSCHE, *Humain, trop humain*

« Quand on est mal compris en entier, il est impossible d'écarter un malentendu de détail. C'est ce qu'il faut bien voir pour ne pas dépenser une énergie superflue à se défendre. »

NIETZSCHE, *Humain, trop humain*

« Quand un homme te fait du tort ou parle mal de toi, souviens-toi qu'il juge qu'il est de son devoir d'agir ou de parler ainsi. Il est donc impossible qu'il suive ton sentiment, et il ne peut suivre que le sien, de sorte que, s'il juge mal, il ne nuit qu'à lui-même et vit seul dans l'erreur. De même, lorsque quelqu'un tient pour fausse une proposition qui est vraie, ce n'est pas la proposition qui en souffre, mais celui qui s'est trompé. Pars de ces principes, et tu supporteras aisément celui qui t'injurie. »

ÉPICTÈTE, *Manuel*

« Lorsqu'on te blâme ou qu'on te hait, ou que des hommes à ton encontre manifestent de tels sentiments, tourne-toi vers leurs âmes, pénètre à l'intérieur et vois ce qu'ils sont. Tu verras qu'il ne faut pas te tourmenter pour les amener à se faire quelque opinion sur toi. Il faut pourtant leur être bienveillant, car, par nature, ce sont des amis. »

MARC AURÈLE, *Pensées*

« Bien des fois je me suis étonné de ce que chaque homme, s'aimant de préférence à tous, se soucie pourtant moins de l'opinion qu'il a de lui-même que de celles que les autres ont de lui. C'est si vrai que si un Dieu l'exigeait, ou que si un sage précepteur lui ordonnait de ne rien penser, et de ne rien penser sans aussitôt, à haute voix, l'exprimer, il ne pourrait pas, même un seul jour, s'y résigner. Ainsi, nous appréhendons davantage l'opinion de nos voisins sur nous-mêmes que la nôtre propre. »

MARC AURÈLE, *Pensées*

« N'avoir ni le bruit ni le renom d'avoir méchante langue. Car c'est passer pour un fléau universel. Ne sois point ingénieux aux dépens d'autrui, ce qui est encore plus odieux que pénible. Chacun se venge du médisant en disant du mal de lui ; et comme il est seul, il sera bien plutôt vaincu que les autres, qui sont en grand nombre, ne seront convaincus. Le mal ne doit jamais être un sujet de contentement ni de commentaire. Le médisant est haï pour toujours ; et, si quelquefois de grands personnages conversent avec lui, c'est plutôt pour le plaisir d'entendre ses lardons que par aucune estime qu'ils fassent de lui. Celui qui dit du mal s'en fait toujours dire encore davantage. »

GRACIÁN, *L'Homme de cour*

« Ceux qui, sans nous connaître assez, pensent mal de nous, ne nous font pas de tort : ce n'est pas nous qu'ils attaquent, c'est le fantôme de leur imagination. »

LA BRUYÈRE, *Les Caractères*

« Le contraire des bruits qui courent des affaires ou des personnes est souvent la vérité. »

LA BRUYÈRE, *Les Caractères*

« Il ne faut pas mépriser les reproches, même s'ils ne sont pas fondés. En conséquence, si l'on médit de toi, tu ne dois pas, malgré la fausseté du propos, le mépriser ou le négliger. Examine au contraire, dans tes paroles, ta conduite, tes activités de prédilection, tes fréquentations, tout ce qui a pu servir de prétexte à la calomnie, puis garde-t'en et prends la fuite ! »

PLUTARQUE, *Comment tirer profit de ses ennemis*

# 12

# L'homme et le travail

*Qu'il soit turf, boulot, job, taf, turbin ou planque, le travail est indispensable à l'homme. Non seulement parce qu'il lui permet de gagner sa vie, mais aussi parce qu'il l'éloigne de l'oisiveté, mère de tous les vices. On reconnaît encore davantage l'aspect crucial de cette activité en période de chômage important, particulièrement répandu et cruel de nos jours. C'est en effet un sentiment parfaitement normal que de ne pas supporter de tourner en rond, sans avoir, pour s'occuper l'esprit et les mains, une tâche, une fonction qui nous situe et nous valorise dans la société par rapport à nos frères humains. C'est pourquoi il faut cesser de concevoir le travail comme une corvée, voire une souffrance, opposée au bien-être que nous procurent les loisirs et les vacances, ces images stéréotypées étant sans doute dues à l'étymologie du mot – qui vient du latin* tripalium *et désigne, littéralement, un instrument de torture à trois pieux. Le travail est dans la nature de l'homme. Sinon qu'est-ce qui nous distinguerait de l'animal? Soyons chaque jour convaincus du bien-fondé et de l'utilité de notre travail, afin de ne pas avoir à faire la douloureuse expérience de celui qui le regrette tant, pour l'avoir perdu.*

« Tout persuadé que je suis que ceux que l'on choisit pour de différents emplois, chacun selon son génie et sa profession, font bien, je me hasarde de dire qu'il se peut faire qu'il y ait au monde plusieurs personnes, connues ou inconnues, que l'on n'emploie pas, qui feraient très bien ; et je suis induit à ce sentiment par le merveilleux succès de certaines gens que le hasard seul a placées, et de qui jusques alors on n'avait pas attendu de fort grandes choses. »

LA BRUYÈRE, *Les Caractères*

« Ne vous souciez pas d'être sans emploi ; souciez-vous plutôt d'être digne d'un emploi. Ne vous souciez pas de n'être pas remarqué ; cherchez plutôt à faire quelque chose de remarquable. »

CONFUCIUS, *Entretiens*

« Je crois pouvoir dire d'un poste éminent et délicat qu'on y monte plus aisément qu'on ne s'y conserve. »

LA BRUYÈRE, *Les Caractères*

« Le travail du corps délivre des peines de l'esprit et c'est ce qui rend les pauvres heureux. »

LA ROCHEFOUCAULD, *Maximes*

« Tous les travaux nous procurent plus de satisfaction que le repos, quand nous atteignons le but de nos efforts, ou quand nous savons que nous l'atteindrons. Mais la souffrance qui suit nos déceptions rend le travail à la fois pénible et affligeant. »

DÉMOCRITE, *Fragments*

« Il est plus facile de paraître digne des emplois qu'on n'a pas que de ceux que l'on exerce. »

LA ROCHEFOUCAULD, *Maximes*

« L'homme oisif [*à ne pas confondre avec le chômeur*] est nuisible pour ses amis ; car, n'ayant pas assez à faire lui-même, il parle de ce que font et ne font pas ses amis, il se mêle des affaires d'autrui et se rend importun. »

NIETZSCHE, *Humain, trop humain*

« Nous devons mesurer la nature précise de nos entreprises et considérer nos forces en fonction des tâches que nous nous proposons d'effectuer : il faut toujours avoir en soi plus de ressource que n'en exige la tâche à accomplir car on se brisera les reins à porter des charges au-dessus de ses forces.

Par ailleurs, certaines entreprises sans grande importance peuvent se révéler lourdes de complications multiples : défions-nous également de celles qui déboucheront sur un nouveau problème de nature complexe. Ne nous aventurons pas non plus dans une affaire dont nous ne serions pas libres de nous désengager : consacrons-nous à celles que nous pouvons mener à bien ou tout au moins l'espérer; évitons celles que nous ne pouvons mener à bien ou tout au moins l'espérer; évitons celles dont on ne prévoit jamais la fin et qui ne s'achèvent pas où on le prévoyait. »

SÉNÈQUE, *La Colère*

« Le travail éloigne de nous trois grands maux : l'ennui, le vice et le besoin. »

VOLTAIRE, *Candide*

« L'homme naquit pour travailler, comme l'oiseau pour voler. »

François RABELAIS, *Le Quart Livre*

« Qui ne donne pas de métier à son fils lui donne le métier de voleur. »

*Talmud*

« Rien n'est si insupportable à l'homme que d'être dans un plein repos, sans passions, sans affaire, sans divertissement, sans application. Il sent alors son néant, son abandon, son insuffisance, sa dépendance, son impuissance, son vide. Incontinent il sortira du fond de son âme l'ennui, la noirceur, la tristesse, le chagrin, le dépit, le désespoir. »

PASCAL, *Pensées*

# RAPPELS BIOGRAPHIQUES

**Aristote**

Né en 384 avant notre ère à Stagire (actuelle Thessalonique), Aristote étudie à l'Académie. Il rencontre Platon en 365 et suit son enseignement jusqu'à la mort de son maître en 348. Pendant cette période, il rédige ses premières œuvres (l'*Eudème,* le *Protreptique*, les *Topiques, Des idées*). Il met au point sa propre méthode dialectique, fondée sur la possibilité d'extraire le vrai des idées communément reçues. Ancien précepteur d'Alexandre le Grand, il fonde le Lycée à Athènes, qui deviendra rapidement un véritable institut de recherche. Il rédige alors ses œuvres majeures : *Histoire des animaux*, les *Analytiques* et la célèbre *Physique*. Viendront ensuite ses essais philosophiques sur les rêves, le sommeil, l'âme et la sensation, et enfin la *Métaphysique*. Il meurt dans la solitude en 322 av. J.-C. sur l'île d'Eubée, après avoir dû fuir Athènes pour échapper à une accusation d'impiété.

**Balzac**

Né à Tours en 1799, Honoré de Balzac décide de se consacrer à la littérature à l'âge de vingt ans, après avoir été clerc de notaire puis clerc d'avoué à Paris. L'auteur de *La Comédie humaine*, œuvre immense rédigée entre 1829 et 1848, a consacré l'essentiel de sa vie à l'écriture, tout en menant en parallèle toutes sortes d'activités : l'édition, l'imprimerie, une société pour l'exploitation d'une fonderie de caractères d'imprimerie, le journalisme, la politique… Peu doué pour les affaires, Balzac s'endette. Il crée, en 1836, *La Chronique de Paris* puis, en 1840, *La Revue parisienne*. Ce sont deux nouveaux échecs pour Balzac, qui les ressent d'autant plus durement qu'il n'arrive pas à se faire accepter à l'Académie française. Il meurt en 1850, moins de six mois après s'être marié avec Eve Hanska, à l'âge de cinquante et un ans.

### Madame du Châtelet

La marquise Émilie du Châtelet est née en 1706. Trente ans plus tard, elle quitte la capitale, son mari et ses enfants pour aller rejoindre Voltaire, son amant, dans un château en province. Savante et cultivée, la marquise rédige, à l'âge de quarante ans, son *Discours sur le bonheur*, dans lequel elle dresse une sorte de bilan de sa vie. En 1738, elle concourt anonymement pour le prix de l'Académie des sciences, publie en 1740 *Les Institutions de physique*, qui remporte un grand succès en France, en Allemagne et en Italie. À l'âge de quarante-deux ans, elle tombe follement amoureuse d'un jeune officier, dont elle attend un enfant. Malgré cet épisode houleux, et de longues périodes de séparation d'avec Voltaire, l'écrivain reste auprès d'Émilie du Châtelet jusqu'à sa mort en 1749, quelques jours à peine après qu'elle eut accouché d'une petite fille.

### Christine de Suède

L'héritière du roi Gustave II Adolphe à la tête du royaume de Suède est née en 1626. Proclamée « roi » à l'âge de six ans, elle fut préparée au trône, comme le voulait son père, par une éducation virile. Elle prit très vite la résolution de ne jamais se marier. En 1654, après dix ans de règne, elle abdiqua et désigna pour lui succéder son cousin Charles Gustave, qui lui avait fait la cour pendant des années. Le Noël suivant, Christine abjura le protestantisme pour faire profession de la foi catholique, elle voyagea dans toute l'Europe, et fut reçue par le pape l'année suivante. Pendant ses dernières années à Rome, elle fut très dynamique : elle se battait pour une plus grande liberté des femmes italiennes, lançait et soutenait des recherches archéologiques, fondait des académies littéraires... La lecture et l'écriture occupaient une grande partie de son temps. Il nous reste d'elle, aujourd'hui, ses *Maximes*, qu'elle rédigea en indéfectible admiratrice de La Rochefoucauld. Elle meurt en 1689, après avoir rédigé son autobiographie sous le titre de *La Vie de la reine Christine faite par elle-même – Dédiée à Dieu*.

**Confucius**

Né, semble-t-il mais sans certitude, en 551 avant notre ère, celui que l'on nomme aujourd'hui Confucius s'appelait à l'origine maître Kong, ou Kongfuzi, et son nom fut latinisé par les Jésuites pour devenir ce qu'il est aujourd'hui. Issu d'une noblesse pauvre à l'époque de l'empire chinois des Zhou, Confucius souhaitait remédier à la décadence politique dans laquelle sombrait alors son pays. Nommé Premier ministre en 496, il fit exécuter son prédécesseur et tenta d'imposer à ses citoyens une politique fondée sur la morale. Confucius meurt vers 479, laissant derrière lui l'anarchie et la cruauté, ses disciples en deuil et des entretiens familiers, issus de témoignages recueillis par ses disciples puis par les disciples de ses disciples. Un enseignement, fondé sur la nécessité de la vertu et de la correction morale, qui se transmet en son nom jusqu'à aujourd'hui.

**Démocrite**

Originaire d'Abdère (en Thrace), Démocrite est né vers 460 avant notre ère. Contemporain de Socrate, son activité philosophique débute vers 428. Fasciné par les voyages, Démocrite rentre toujours ruiné, ce qui l'oblige à vivre longtemps grâce à la générosité de son frère. Considéré comme le premier penseur rationaliste, Démocrite élabore un système de pensée totalement débarrassé des mythes répandus à son époque. L'atomisme est le mot clé de la pensée de ce philosophe : il considère l'être comme un immense atome, lui-même composé d'une infinité d'atomes insécables en perpétuel mouvement. Démocrite fait des recherches sur la création de la Terre et des astres, mais également sur les préceptes moraux. Selon lui, le bonheur repose sur la satisfaction de ce que l'on a et non sur la recherche perpétuelle de ce qu'on pourrait avoir. Il meurt vers 380 avant notre ère.

**Diogène Laërce**

Écrivain grec, il vécut probablement dans la première moitié du IIIe siècle après J.-C., mais on ne sait presque rien de sa vie. Il nous reste son ouvrage majeur, *La Vie des philosophes (Vies, doctrines et sentences des philosophes illustres)*, dans lequel il évoque la vie et l'œuvre de quatre-vingt-deux penseurs grecs, de Thalès à Épicure. Ce livre est une véritable somme de données, compilées et extraites du travail de biographes antérieurs. C'est grâce au livre écrit par Diogène Laërce que nous disposons, notamment, des *Maximes* et des *Lettres* d'Épicure. Outre cela, Diogène Laërce a également fait œuvre de poète, mais ses vers n'ont pas franchi les siècles avec autant de succès.

**Épictète**

Né en Phrygie vers l'an 50 de notre ère, Épictète était l'esclave dévoué d'un maître dur et brutal. Une anecdote raconte à ce sujet que son maître lui cassa la jambe de sang-froid, tandis qu'Épictète lui disait en souriant : « Tu vas la casser. » Une fois affranchi, Épictète fit profession de la philosophie. En l'an 94, les philosophes furent bannis de Rome et d'Italie. Épictète fuit à Nicopolis, où une foule de disciples le suivit pour bénéficier de son enseignement. Le philosophe avait pour méthode de créer des dialogues avec son auditoire pour rendre vivante sa pensée. Comme Socrate, Épictète n'écrivit rien : il ne nous reste aujourd'hui que ses *Entretiens*, rapportés par l'un de ses disciples, et desquels fut tiré son fameux *Manuel*.

D'après ce qu'on raconte, Épictète vécut très longtemps et serait mort vers 130 à Nicosie. En réalité, l'on ne sait pas avec certitude où et quand il mourut.

**Épicure**

Né en 341 avant notre ère dans l'île de Samos, Épicure a commencé dès l'âge de treize ans à philosopher. Il suivit les cours de nombreux maîtres, mais se plaisait à passer pour un autodidacte. Il s'oppose aux sceptiques, qui doutent de tout, et s'inspire à la fois de l'aristotélisme et du platonisme pour fonder son propre courant de pensée puis, en 306, son école : le Jardin, à Athènes. Cette école ne vise pas seulement à enseigner une pensée, mais aussi un mode de vie : on y célèbre l'amitié, la frugalité, on prend ses repas en commun... L'essentiel de la pensée d'Épicure repose sur la notion de plaisir, qui découle logiquement de ce qui, aux yeux d'Épicure, est le désir primordial de l'homme : le désir d'être heureux. De son œuvre considérable (il fut l'auteur de nombreux traités et aima correspondre), il ne nous reste que trois lettres et quelques maximes. Épicure meurt en 270 avant notre ère, à l'âge de soixante-dix ans.

**Érasme**

Desiderius Erasmus Roterodamus, ainsi se nommait Didier Érasme en latin, est né à Rotterdam vers 1469. Il a étudié au couvent des augustins pour devenir prêtre, puis est venu poursuivre ses études au collège de Montaigu à Paris. Devenu précepteur, il quitta Paris pour l'Angleterre où il fit la connaissance de Thomas More, à qui il dédie son œuvre majeure, l'*Éloge de la folie*, rédigée entre 1506 et 1511. Le reste de sa vie n'est qu'une succession de voyages au cours desquels il écrit beaucoup : *Les Adages*, le manuel du chevalier chrétien. Il part ensuite en Italie et y apprend le grec, qu'il retourne enseigner en Angleterre. Aux Pays-Bas, il fut conseiller du futur Charles Quint. Il s'établit à Bâle en 1521 et y rédige le *Traité du libre arbitre*. Il y meurt en 1536.

## Ésope

On n'est pas sûr qu'Ésope ait réellement existé. Les plus anciennes références à son éventuelle vie ne remontent pas au-delà du v$^{e}$ siècle avant notre ère. Originaire de Thrace (nord-est de la Grèce), il aurait vraisemblablement vécu comme esclave sur l'île de Samos. Il s'acquit la réputation de conteur après avoir raconté une fable aux Samiens. Sa fin fut tragique puisqu'il aurait été mis à mort par les habitants de Delphes. On ne sait ni quand ni pourquoi.

## Euripide

Le plus jeune des trois tragédiens originaires d'Athènes (les deux autres étant Eschyle et Sophocle), Euripide est né à Salamine en 480 avant notre ère. Nous disposons de peu d'éléments biographiques le concernant. Sur les quatre-vingt-douze pièces qu'il est censé avoir écrites, nous ne possédons aujourd'hui que dix-huit d'entre elles. Il avait l'habitude de se retirer dans une grotte pour rédiger ses œuvres tragiques car, dit-on, il aimait la solitude. Il ne connut aucun succès de son vivant, puisqu'il ne remporta qu'une compétition dramatique à titre posthume. Dépité par le mauvais accueil que lui faisait son public, Euripide quitta Athènes aux environs de 408 pour aller se réfugier à la cour d'Archélaos, roi de Macédoine. Il aurait connu Socrate et, à sa mort, en 406, Sophocle lui rendit hommage en présentant son propre chœur tragique.

## Gracián

Né en 1601 à Belmonte près de Calatayud, une ville de la province d'Aragon, Baltasar Gracián y Morales entre dans la Compagnie de Jésus à l'âge de dix-huit ans. Très vite, il commence à fréquenter les milieux intellectuels. En 1635, il prononce ses vœux définitifs. Pendant deux ans, il séjourne à la cour de Philippe IV, tout en enseignant les Écritures saintes dans des collèges. En 1643, il est nommé recteur d'un collège. C'est en 1647 qu'il achève la rédaction de son ouvrage majeur : *Oráculo manual y arte de prudencia* (en français, *L'Homme de cour*), dans lequel il témoigne de sa grande sagesse et d'une compréhension fine et aiguë de la psychologie humaine. Il écrit d'autres ouvrages, en les signant tous du pseudonyme de Lorenzo Gracián, qui lui vaut d'être découvert, puis exilé à Tarazona, où il meurt en 1658, à l'âge de cinquante-sept ans.

**La Bruyère**

Né en 1645 à Paris, Jean de La Bruyère étudie le droit, soutient deux thèses et s'inscrit au barreau à l'âge de vingt ans. En 1673, il achète une charge de trésorier au bureau des finances de Caen, qui lui confère l'anoblissement. En 1680, il fait la connaissance de Bossuet, qui le recommandera quatre ans après au prince de Condé. Celui-ci engage alors La Bruyère comme précepteur pour son petit-fils, Louis de Bourbon, prince de Conti. Un an plus tard, l'élève épouse une fille de Louis XIV et de Madame de Montespan, qui suivra, elle aussi, les leçons de La Bruyère. À la mort du prince de Condé, La Bruyère devient bibliothécaire. Il se démet alors de son office de trésorier de Caen. Il s'attelle à la rédaction de ses *Caractères*, publiés sans nom d'auteur jusqu'à sa sixième édition, en 1691. La Bruyère est élu à l'Académie française en 1693. Il meurt en 1696, officiellement terrassé par deux attaques successives d'apoplexie, à l'âge de cinquante et un ans. Mais des rumeurs concernant un éventuel empoisonnement ont longtemps circulé.

**Lao-tseu**

On sait très peu de choses de Lao-tseu. Il serait né en l'an 570 avant notre ère dans le royaume de Tch'en, d'une famille noble, sous le patronyme de Eul Li. Archiviste à la cour impériale et las du déclin de l'Empire, il aurait voulu s'en éloigner. Bien après sa mort, lorsque l'empereur ordonna au peuple de lui rendre les mêmes honneurs qu'à Bouddha, on le nomma Yuen Hoang Ti, mais il fut surtout connu sous le nom de Lao-tseu, qui signifie « le vieux maître ». On ignore quand et où il mourut.

L'œuvre unique de Lao-tseu est le *Tao-tö-king*, qu'il aurait écrit en quittant la Chine. L'anecdote raconte que, sur le point de traverser la Grande Muraille, il aurait été prié, par un des gardiens, d'écrire pour lui un résumé de sa doctrine. C'est ainsi que le *Tao-tö-king* aurait vu le jour.

**La Rochefoucauld**

Né en 1613, le prince de Marcillac, auteur des fameuses *Maximes*, n'est devenu duc de La Rochefoucauld qu'à la mort de son père, en 1650. De sa formation, on ne sait pas grand-chose. L'essentiel de sa vie a été consacré à la préparation puis à la rédaction de ses *Maximes*, finalement publiées pour la première fois en 1664 à La Haye, puis en 1665 à Paris. On raconte que l'idée de ce livre est venue à La Rochefoucauld à la suite de conversations et de correspondances avec deux de ses amis, Madame de Sablé et Jacques Esprit, et au cours desquelles ils discutaient de maximes. Ils avaient ensuite pour habitude de tester certaines d'entre elles sur des personnes de leur entourage. Les *Maximes* connurent quatre rééditions du vivant de leur auteur, et celui-ci y travailla avec rigueur et continuité jusqu'à la dernière. François de La Rochefoucauld meurt à Paris en 1680.

**Marc Aurèle**

Né à Rome en 121 de notre ère, Marc Aurèle devint le petit-fils adoptif de l'empereur Hadrien. À l'âge de quarante ans, il devint lui-même empereur, et partagea le trône avec son frère adoptif jusqu'à la mort de ce dernier en 169. Il rédigea douze livres de ses célèbres *Pensées* pendant les dix dernières années de son règne, mais ils ne furent publiés qu'après sa mort. Pendant tout son règne, les envahisseurs de tous bords vinrent troubler la quiétude de la ville, et Marc Aurèle fut présent sur tous les fronts. Il mourut sur le dernier d'entre eux, victime d'une épidémie de peste, en 180. C'est son fils, l'empereur Commode, qui lui succéda.

**Montaigne**

Né en 1533 dans le Périgord, Michel Eyquem de Montaigne fut successivement conseiller à la cour des aides de Périgueux, puis au parlement de Bordeaux, où il se lie d'amitié avec Étienne de La Boétie. Il abandonne ses fonctions en 1570 pour se consacrer entièrement à l'écriture. Élu maire de Bordeaux en 1581 pour deux mandats successifs, il continue assidûment de travailler à son œuvre gigantesque, les trois livres des *Essais*. Il passe les dernières années de sa vie enfermé dans la bibliothèque de son château (sa « librairie ») à peaufiner son ouvrage. Il meurt de la maladie de la pierre en 1592, et son œuvre sera honnie et critiquée par Pascal, Bossuet et Malebranche. Son talent et sa lucidité ne seront reconnus qu'au XVIIIe siècle, par Voltaire et Diderot.

**Montesquieu**

Charles de Secondat, baron de La Brède et de Montesquieu est né dans le Bordelais en 1689. Il devient conseiller au parlement de Bordeaux en 1714, puis se consacre à la rédaction de son premier ouvrage très bien accueilli du public, les *Lettres persanes*, en 1721. Fort de ce succès, il poursuit son travail d'écrivain avec *De l'esprit des lois*, qui paraît anonymement à Genève en 1748, et est très controversé par les jansénistes et les jésuites. Considéré comme l'un des fondateurs de la sociologie, même si le terme n'apparaît qu'au XIXe siècle, il est élu à l'Académie française en 1727. Montesquieu meurt à Paris en 1755.

**Musset**

Né en 1810 à Paris, Alfred de Musset publie à vingt ans son premier volume de vers. Il décide alors d'écrire pour le théâtre, mais, ayant peu de succès, il renonce à faire jouer ses pièces. En 1833, il part en voyage en Italie avec George Sand. À son retour, le cœur brisé, il rédige la *Confession d'un enfant du siècle*, en 1836, et reprend la rédaction de pièces de théâtre exclusivement destinées à la lecture. Il sombre ensuite dans l'alcoolisme et l'oisiveté. Sa production diminue, mais l'ensemble de son œuvre poétique sera édité en 1852 sous la forme de deux recueils. Ses pièces de théâtre furent publiées l'année suivante. Parmi elles, on trouve les célèbres *On ne badine pas avec l'amour, Lorenzaccio* et *Il ne faut jurer de rien*. Il est élu à l'Académie française en 1852. Il meurt malade et déprimé, à Paris en 1857, à l'âge de quarante-sept ans.

**Nachman de Braslav**

Né en 1772 à Braslav, en Ukraine, Rabbi Nachman était l'arrière-petit-fils du Baal Shem Tov, le fondateur du hassidisme. Le hassidisme est un mouvement populaire de renouveau religieux juif, né au XVIIIe siècle, qui visait à rendre la foi accessible à tous en lui juxtaposant de nombreux rites, comme des chants et des danses qui, disait-on, facilitaient l'accès des prières vers Dieu. Élevé dans une atmosphère mystique, Rabbi Nachman se maria très jeune. Il fit un voyage en Palestine qui fut déterminant pour son parcours spirituel et religieux. Il mourut de la tuberculose en 1810, à l'âge de trente-neuf ans, après avoir été contesté en raison de son enseignement religieux peu conventionnel pour l'époque. Sa vie durant, il écrivit de nombreux textes sur la foi et la position de l'homme juste, le *tsaddik*. Mais l'essentiel de son œuvre fut publié après sa mort, ainsi que de nombreuses anecdotes qu'il aurait racontées de son vivant.

**Nietzsche**

En 1844, Friedrich Nietzsche naît dans une famille de pasteurs luthériens. Il s'intéresse à la musique et fait des essais de composition. À vingt et un ans, il entre à l'université de Leipzig et découvre la philosophie. Trois ans plus tard, il rencontre Wagner, avec qui il noue une profonde amitié. Il devient ensuite professeur de philologie grecque à l'université de Bâle, alors qu'il n'a que vingt-cinq ans. Puis, à partir de 1871, il commence à écrire. Ses œuvres s'enchaînent : *Humain, trop humain, La Nais-*

*sance de la tragédie, Considérations intempestives*, etc., choquent et font parler de lui. En 1879, rongé par la maladie, il quitte l'enseignement. Quatre ans plus tard, il tombe amoureux de Lou Andreas-Salomé, et continue sa production : *Ainsi parlait Zarathoustra, Par-delà le bien et le mal, L'Antéchrist*... En 1900, Nietzsche meurt, emporté par la syphilis, après avoir surmonté tant bien que mal plusieurs crises successives de démence.

**Ovide**

Publius Ovidius Naso, est né en 43 av. J.-C. dans une petite ville des Abruzzes. Il étudia à Rome puis fit le voyage en Grèce, rituel pour les jeunes gens de l'époque. Il découvrit Rome et son cénacle de littérateurs. Il se maria à trois reprises, et fut, pour une raison inconnue, exilé par Auguste, un exil dans lequel, livré à la solitude et au désespoir, il resta jusqu'à sa mort, en l'an 17 ou 18 de notre ère. On soupçonne aujourd'hui Auguste d'avoir écarté le poète pour son *Art d'aimer*, jugé immoral par ses contemporains. Dans ses écrits, nombreux et variés, il parle surtout des femmes, qu'il connaît bien pour en avoir aimé beaucoup, de leur coquetterie, de leur jalousie, de leurs stratagèmes. Accusé de grivoiserie et de vulgarité, il prouve, dans les quinze livres de ses *Métamorphoses*, sa finesse d'esprit et sa rigueur méthodique.

**Plutarque**

Né vers 50 de notre ère en Béotie, Plutarque vient d'une famille cultivée et notable. Après de nombreux voyages en Grèce, il se passionne pour les mathématiques, la physique et les sciences en général. Il se rend à Alexandrie, où il fréquente l'école de médecine. De retour dans sa ville natale, il est vite chargé de nombreuses fonctions municipales et devient, en réalité, une sorte de directeur de conscience. Il meurt vers 125, estimé de ses concitoyens. Il ne nous reste, aujourd'hui, qu'à peine la moitié de l'œuvre de Plutarque. Ses écrits concernant la morale et l'éthique sont les plus nombreux. On trouve parmi eux de sages conseils, en particulier dans *Comment tirer profit de ses ennemis* ou, encore, dans *Comment distinguer le flatteur de l'ami.*

### Rabelais

François Rabelais est né près de Chinon vers 1494. Il a été élevé chez les cordeliers franciscains, près d'Angers. Il reçut la prêtrise en 1521 et se livre à l'étude approfondie du latin, du grec et de l'hébreu. Il passe dans l'ordre des Bénédictins en 1525, et se défroque en 1527. Trois ans plus tard, il étudie la médecine à Montpellier et devient médecin à Lyon en 1532, puis chanoine à Saint-Maur-des-Fossés, enfin curé de Saint-Martin de Meudon en 1551. Il publie, sous le pseudonyme d'Alcofribas Nasier, en 1532, les *Horribles et Épouvantables Faits et Prouesses du très renommé Pantagruel*. Féroce satire de l'éducation scolastique médiévale, cette œuvre est immédiatement censurée par la faculté de théologie, de même que la *Vie inestimable du grand Gargantua, le père de Pantagruel*, publié en 1534. *Le Tiers, Le Quart* et *Le Cinquième Livre* sont publiés après sa mort. Il meurt à Paris en 1553.

### Schelle

Karl Gottlob Schelle est né en 1777 en Allemagne. Après ses études, il obtient un poste de professeur de langues anciennes. En 1801, il devient précepteur à Leipzig et est nommé, quatre ans plus tard, sous-directeur du lycée de Freiberg. Alors qu'il n'a que trente ans, il est mis à la retraite pour cause de maladie. Il meurt un peu plus tard (nous n'avons pas la date), après avoir vraisemblablement fait un long séjour dans un établissement psychiatrique. C'est pendant ses années d'enseignement qu'il écrit le plus : il rédige des ouvrages de philologie, sur la littérature française... et notamment *L'Art de se promener*, dans lequel il prône les vertus esthétiques et intellectuelles de ce divertissement populaire.

**Schopenhauer**

Arthur Schopenhauer est né en 1788 à Dantzig. À l'âge de seize ans, il part, avec ses parents, pour un grand périple en Europe. Au cours de ce voyage, il tient un journal qui contient en germe le ferment de son œuvre philosophique. Trois ans plus tard, son père se suicide, et Arthur est placé comme apprenti négociant à Hambourg. Il se plonge dans des lectures philosophiques, et finit par quitter Hambourg pour aller étudier la médecine et les sciences à Weimar. Il bifurque cependant très vite vers la philosophie, et il suit les cours de Fichte à Berlin. Son ouvrage majeur, *Le Monde comme volonté et comme représentation*, paraît en 1818, mais passe inaperçu. Déçu et solitaire, Schopenhauer part en voyage en Italie et, après de multiples échecs amoureux, il s'installe à Francfort, où il vit en ermite. Ce n'est qu'en 1851 qu'il commence à sentir les effets de sa plume : ses *Parerga* et ses *Paralipomena* rencontrent un vif succès auprès du public. Il meurt de vieillesse en 1860 : on l'a retrouvé assis dans un coin de son canapé.

**Stendhal**

Henri Beyle, dit Stendhal, est né à Grenoble en 1783. Fils de magistrat, il prend part aux campagnes du Consulat et de l'Empire à l'âge de dix-sept ans. Il remplit les fonctions d'intendant aux armées en 1806-1808. Il découvre l'Italie, s'enthousiasme pour elle et part, en 1814, s'installer à Milan, où il reste jusqu'en 1821. Il y publie ses premiers essais et y vit paisiblement jusqu'à ce qu'il soit suspecté de faire partie du mouvement des Carbonari (société secrète italienne dissidente) et rentre en France. Il s'installe à Paris et publie *Le Rouge et le Noir* en 1830, qui n'a alors aucun succès. *La Chartreuse de Parme*, éditée en 1839, rencontre, elle, un immense public. Stendhal meurt à Paris en 1842, laissant derrière lui un roman inachevé, *Lamiel*.

**Voltaire**

François Marie Arouet, dit Voltaire, né à Paris en 1694. Fils de notaire, il fait ses études chez les jésuites du collège de Clermont. Il préfère au droit, les milieux littéraires. Il se fait embastiller pendant deux années, entre vingt-trois et vingt-quatre ans. Il connaît le succès dès la publication de ses premières œuvres, mais retourne à la prison de la Bastille à cause d'une dispute avec le chevalier de Rohan-Chabot. Puis il part pour Londres, où il reste trois ans. De retour en France en 1729, il publie plusieurs tragédies et quelques essais. Puis ses *Lettres anglaises*, satire des mœurs et des institutions françaises, déclenchent un scandale. Voltaire part se réfugier chez la marquise Émilie du Châtelet en Lorraine. Il rédige alors le fameux *Zadig*, en 1747. Il fait à nouveau scandale en 1755 avec son roman *La Pucelle*. En 1759, il acquiert le domaine de Ferney, où il passe ses dernières années, les plus productives. Il rédige alors, entre autres ouvrages, son *Dictionnaire philosophique* et *Candide*. Élu à l'Académie française en 1746, il meurt à Paris en 1778 après avoir connu la célébrité.

**Wilde**

Oscar Fingal O'Flahertie Wills Wilde naît à Dublin en 1854 d'un père chirurgien et d'une mère poétesse. Très tôt, il se distingue de ses camarades de classe par ses tenues vestimentaires extravagantes et ses opinions originales. Après de brillantes études faites dans un collège d'Oxford, il publie ses premiers poèmes dans des revues irlandaises et anglaises. Dès 1880, ses prises de position tranchées et sa doctrine de « l'art pour l'art » le rendent célèbre à Londres, où il s'est installé. À trente ans, il épouse Constance Mary Lloyd, avec qui il aura deux fils. Poèmes, nouvelles, pièces de théâtre, Oscar Wilde écrit sans relâche. Son unique roman, *Le Portrait de Dorian Gray*, défraye la chronique dès sa parution, en 1891. En 1895, l'écrivain intente un procès pour diffamation contre le marquis de Queensbury, qui l'accuse de pervertir son fils. La procédure finit par se retourner contre

Oscar Wilde qui, jugé pour homosexualité, est condamné à deux ans de travaux forcés en 1895. Après la perte de sa femme, en 1900, Oscar Wilde part pour Paris. Il y meurt d'une méningite quelques mois plus tard et est enterré au cimetière du Père-Lachaise.

**Xénophon**

Historien grec et disciple de Socrate, Xénophon est né vers 430 av. J.-C. Il a beaucoup voyagé et est parti souvent en expédition. Il fut exilé et ses biens furent confisqués, mais il trouva, dans le repos auquel l'exil le condamait, le temps et l'énergie de composer l'ensemble de son œuvre. Abondante, elle se présente comme un témoignage vécu sur les événements et les mouvements intellectuels de l'époque. Xénophon est mort en 354 ou 355 avant notre ère.

# TABLE

6282

Composition Chesteroc International Graphics
Achevé d'imprimer en Europe (France)
par Maury-Eurolivres à Manchecourt
le 3 juin 2002.
Dépôt légal juin 2002. ISBN 2-290-31916-3

Éditions J'ai lu
84, rue de Grenelle, 75007 Paris
*Diffusion France et étranger : Flammarion*